DÁNTA AGUS NÓTAÍ

FILÍOCHT DON ARDTEISTIMÉIREACHT 1993

(gnáthleibhéal)

Domhnall Ó Fearghail

Gill and Macmillan

Arna fhoilsiú ag
Gill and Macmillan Ltd
Goldenbridge
Baile Átha Cliath 8
agus cuideachtaí comhlachta ar fud an domhain
© Domhnall Ó Fearghail 1991
0 7171 1842 8
Clóchuradóireacht bhunaidh arna dhéanamh in Éireann le
Seton Music Graphics Ltd, Bantry, Co. Cork

Gach ceart ar cosnamh. Ní ceadmhach aon chuid den fhoilseachán seo a atáirgeadh, a chur i gcomhad athfhóla, ná a tharchur ar aon mhodh ná slí, bíodh sin leictreonach, meicniúil, bunaithe ar fhótachóipeáil, ar thaifeadadh nó eile gan cead a fháil roimh ré ón bhfoilsitheoir.

ADMHÁIL

Ba mhaith leis an bhfoilsitheoir buíochas a ghabháil leis na filí agus na foilsitheoirí as ucht cead a thabhairt dánta ar leo a gcóipcheart a athfhoilsiú sa leabhar seo: Scoil an Léinn Ceiltigh, Institiúid Ard-Léinn Bhaile Átha Cliath: 'Toighe Chorr an Chait' le Séamas Dall Mac Cuarta agus 'Máirín de Barra'; An Clochomhar Tta: 'Seoda' le Máirtín Ó Direáin; Sáirséal Ó Marcaigh: 'Ranna' le Máire Mhac an tSaoi agus 'Oíche Nollaig na mBan' le Seán Ó Ríordáin; Bean Mhic Fheorais: 'M'uncail' le Seán Mac Fheorais; An Gúm: 'Tuairimí' le Liam Gógáin; Cathal Ó Searcaigh: 'Níl aon ní'; Cló Iar-Chonnachta Tta: 'Dia' le Micheál Ó Conghaile; Mercier Press: 'Athair' le Nuala Ní Dhomhnaill.

Glacann an foilsitheoir buíochas leo seo a leanas as ucht cead a thabhairt pictiúir dá gcuid a fhoilsiú: RTE: (an clúdach); Cáit Mhic Fheorais; Cathal Ó Searcaigh/Rachel Giese; Micheál Ó Conghaile; Nuala Ní Dhomhnaill; Source: Tom Kennedy agus Leo Daly; Comhar; Sairséal Ó Marcaigh; Bill Doyle; Colman Doyle; An Gúm; Coiscéim; Mercier Press.

Clár

1. Toighe Chorr an Chait — 2
2. Máirín de Barra — 8
3. Seoda — 15
4. Ranna — 19
5. M'uncail — 24
6. Oíche Nollaig na mBan — 30
7. Tuairimí — 36
8. Níl aon ní — 44
9. Dia — 50
10. Athair — 56
    Freagraí Samplacha — 63
    Freagraí ar Cheisteanna Ardteistiméarachta — 66

1. Toighe Chorr an Chait
SÉAMAS DALL MAC CUARTA

Uaigneach sin, toighe Chorr an Chait,
    uaigneach a bhfir is a mná,
's dá bhfaighdís ór agus fíon
    cha dtig aon díobh i gceann cháich.

I gceann cháich cha dtig siad
    ar ar cruthaíodh thiar is thoir,
ar ar cruthaíodh ó Neamh go lár —
    ionann sin is béasa an bhroic.

Béasa an bhroic bheith ag tochailt faoi
    i ndorchadas oíche is lae;
ar ar cruthaíodh ó Neamh go lár
    i gceann cháich cha dtig sé.

Ní hionmhain leis an rí-bhroc aoibhneas, aitmas ná spórt,
ní hionmhain leothu saoi, draoi ná cumadóir ceoil,
ní hionmhain leo Síomas Caoch ná cuidiú Néill Óig,
is fanadh gach aon mar a mbiad ag tochailt an phóir.

LEAGAN PRÓIS

Tá na daoine i dtithe Chorr an Chait uaigneach,
   tá a bhfir agus a mná uaigneach,
   agus dá bhfaighidís ór agus fíon
   ní bheadh baint acu le haon duine.

I measc daoine ní thiocfaidís
   fiú (dá bhfaighidís) gach rud i ngach áit sa domhan,
   fiú (dá bhfaighidís) gach rud ón spéir go dtí lár an domhain —
   tá na tréithe sin cosúil le tréithe an bhroic.

Is iad tréithe an bhroic a bheith ag romhar faoi sa talamh
   sa dorchadas de ló is d'oíche;
   (dá bhfaigheadh sé) gach rud ón spéir go dtí lár an domhain
   ní thiocfadh sé i measc daoine.

Ní maith leis an rí-bhroc aoibhneas, áthas nó spórt,
   ní maith leo (i.e. muintir Chorr an Chait) fear léannta, fear
      draíochta nó fear ceoil,
   ní maith leo Séamas Dall (an file féin) nó cuideachta Néill Óig,
   is féidir le gach duine leanúint ar aghaidh ag rómhar faoi sa
      talamh.

● *Gluais*

Toighe = tithe
Corr an Chait = baile fearainn in aice le Ó Méith i gCo. Lú
cha dtig aon díobh = ní thagann aon duine acu

i gceann = i measc, in aice le, i dtreo, fé dhéin
ar ar cruthaoíodh = ar gach rud atá le fáil
thiar is thoir = gach áit, *west and east*
ó Neamh go lár = ón spéir go dtí lár an domhain
ionann sin = tá sé sin cosúil le
béasa = nósanna, tréithe, *manners*
broc = *badger*

ag tochailt = ag rómhar, ag polladh, *digging, boring*

ní hionmhain leis = ní maith leis
rí-bhroc = an duine atá i gceannas

aiteas = áthas, pléisiúr
leothu = leo
saoi = duine léannta, file
draoi = duine le draíocht, *magician*
cumadóir ceoil = duine a dhéanann ceol, ceoltóir
Síomas Caoch = Séamas Dall (Mac Cuarta) an file féin
cuidiú = comhluadar, cuideachta, *company*
Néill Óig = Niall Óg Mac Murchaidh, cara leis an bhfile
is fanadh = *stay as you are*
mar a mbiad = mar atá
pór = talamh, cré, *earth, soil*

● *An file*

Rugadh Séamas Dall Mac Cuarta timpeall 1647. Chaith sé a shaol ag obair d'fheirmeoirí i gCo. Lú. Chaill sé radharc na súl ar fheirm i gCo. na Mí. Fuair sé bás i mí Fheabhra 1733.

MÍNÍU

Chuaigh an file go dtí cúpla teach i gceantar Chorr and Chait agus níor chuir siad fáilte roimhe.

Sa dán seo tá an file ag cáineadh (*criticising*) muintir na háite agus ag magadh fúthu. Tugtar aoir (*satire*) ar dhán den chineál seo. Tá díomá air toisc nár chuir siad fáilte roimhe.

Níl muintir na háite seo cairdiúil. Tá siad dúr. Ní chuireann siad fáilte roimh dhaoine. Ní osclaíonn siad an doras nuair a bhuaileann duine air. Ní bhuaileann siad le haon duine. Fanann siad ina dtithe féin. Ní thagann siad amach chun bualadh le daoine.

Dá dtabharfadh duine airgead, nó saibhreas nó rudaí maithe dóibh, ní dhéanfadh sé aon difríocht. Ní athróidís a saoil nó a mbéasa (*manners*). Ní fhágfaidís a dtithe agus ní thiochfaidís amach. Dá bhfaighidís gach rud ar neamh, ar an domhan seo agus faoi thalamh an domhain seo, ní thiocfaidís i measc daoine; ní bhuailfidís le daoine; ní bheadh baint acu le haon duine.

Tá na daoine i gCorr an Chait cosúil le broc. Tá na béasa céanna ag an mbroc agus atá acu. Úsáideann an file an broc mar mheafar chun a mbéasa a léiriú (*to illustrate*).

Cad iad béasa an bhroic?
1. Fanann sé amach ó dhaoine.
2. Ní thagann sé in aice le daoine.
3. Fanann sé faoi cheilt i rith an lae.
4. Níl meas aige ar dhaoine.
5. Bíonn sé ag rómhar faoi.

Tá na béasa nó na nósanna nó na tréithe céanna ag muintir Chorr an Chait. Leis an meafar, 'ag tocailt faoi', cuireann an file in iúl nach mbuaileann siad le haon duine nó nach bhféachann siad ar aon duine. Cuireann an meafar, 'i ndorchadas', in iúl dúinn nach bhfeiceann daoine eile iad agus go ndéanann siad gach rud faoi cheilt (*secretly*). Tá dearcadh cúng acu (*narrow-minded*).

Cén sórt daoine iad agus cén sórt saoil atá ag muintir Chorr an Chait?
1. Níl siad cairdiúil.
2. Níl suim acu i ndaoine eile.
3. Níl meas acu ar dhaoine eile.
4. Níl meas acu ar fhilí.
5. Tá siad uaigneach.
6. Tá dearcadh cúng acu.
7. Tá siad dúr.
8. Tá siad mímhuinteartha (*unfriendly*).
9. Ní thugann siad aon aird ar dhaoine.
10. Ní dhéanann siad aon mhaith do dhaoine eile.
11. Ní osclaíonn siad an doras nuair a bhuaileann duine air.
12. Bíonn siad ag obair dóibh féin amháin.
13. Déanann siad gach rud faoi cheilt.
14. Ní bhuailfeadh siad le daoine dá bhfaighidís gach rud ar neamh, ar an domhan agus faoi thalamh an domhain.

Cáineann an file an duine atá i gceannas (*in charge of*) ar cheanntar Chorr an Chait. Tá sé cosúil leis an rí-bhroc. Níl suim ag an bhfear seo in aon phléisiúr, caitheamh aimsire nó spórt. Níl suim aige ná ag a mhuintir i rudaí a chuireann áthas ar dhaoine. Níl siad meidhreach (*happy*). Ní chuireann filíocht nó litríocht nó cleasaíocht nó ceol áthas orthu. Ní maith leo an file féin — Séamas Dall Mac Cuarta — nó a chara Niall Óg Mac Murchaidh.

Ní thiocfaidh an file ar ais arís. Deir sé le muintir na háite fanacht mar atá siad — cosúil le broc ag rómhar sa talamh.

- *Príomh-íomhánna an dáin*

ór agus fíon:	• saibhreas nó rudaí maithe an tsaoil seo
thiar is thoir agus ó neamh go lár	gach uile áit
Ionann sin agus béasa an bhroic:	• Tá béasa nó tréithe an bhroic ag na daoine seo. • Ní thagann siad amach i rith an lae. • Is maith leo an oíche agus an dorchadas.
ag tochailt faoi: i ndorchadas oíche is lae:	• Ní dhéanann na daoine seo aon mhaith. • Tá siad ag obair dóibh féin amháin. • Déanann siad gach rud faoi cheilt. • Ní dhéanann solas na gréine aon difríocht dóibh.
rí-bhroc: ag tochailt an phóir:	• an duine atá i gceannas • ag déanamh rudaí gan mhaith; ag obair dóibh féin amháin

- *Príomh-mhothúcháin an dáin*

1. Uaigneas: Dar leis an bhfile, tá muintir Chorr an Chait uaigneach. Níl baint acu le haon duine toisc go bhfuil dearcadh cúng acu.
2. Díomá: Tá díomá ar an bhfile toisc nár oscail siad an doras dó.
3. Fearg: Tá fearg ar an bhfile toisc nár oscail siad an doras dó.
4. Fuath: Tá fuath aige dóibh toisc nach bhfuil suim acu i gceol nó i bhfilíocht agus, freisin, toisc go bhfuil siad cosúil le broic.

CEISTEANNA

1. Cé chum an dán seo? Scríobh nóta faoi.
2. (a) Cén cineál dáin é seo?
   (b) Cén fáth gur scríobh an file an dán seo?
3. Conas a chuireann an file in iúl nach n-athródh muintir Chorr an Chait a mbéasa choíche?
4. (a) Cén fáth go ndeir an file:
      'ionann sin is béasa an bhroic'?
   (b) Cad iad béasa an bhroic?
5. Scríobh cuntas ar shaol an rí-bhroic agus a mhuintir.
6. Mínigh an tagairt don fhile sa cheathrú véarsa.
7. Cén sórt daoine iad muintir Chorr an Chait?
8. I do thuairim, cén fáth nach rachaidh an file ar ais go dtí na tithe seo? Mínigh do fhreagra.
9. Cén fáth go bhfuil muintir Chorr an Chait uaigneach?
10. Cad a dhéanfadh muintir Chorr an Chait dá bhfaighidís 'ór agus fíon'?
11. Pioc amach dhá mheafar agus mínigh iad.

2. MÁIRÍN DE BARRA

(NÍ FIOS CÉ CHUM)

A Mháirín de Barra, do mhairbh tú m'intinn
is d'fhág tú beo dealamh mé gan fhios dom mhuintir;
ar mo luí dhom ar mo leabaidh is ortsa bhím ag cuimhneamh
's ar m'éirí dhom ar maidin, mar do chealg tú an croí 'nam.

Do thugas 's do thugas 's do thugas óm chroí greann duit
ar maidin lae'l Muire na gcoinneall sa teampall —
do shúilín ba ghlaise ná uisce na ngeamhartha
's do bhéilín ba bhinne ná an druid nuair a labhrann.

Do shíl mé tú a mhealladh le briathra 's le póga,
do shíl mé tú a mhealladh le leabhartha 's le móide,
do shíl mé tú a mhealladh ar bhreacadh na heornan,
ach d'fhág tú dubhach dealamh ar theacht don mbliain nó mé.

Is aoibhinn don talamh a siúlann tú féin air,
is aoibhinn don talamh nuair a sheinneann tú véarsa,
is aoibhinn don leabaidh nuair a luíonn tú fé éadach,
's is ró-aoibhinn don bhfear a gheobhaidh tú mar chéile.

Do shiúlóinn 's do shiúlóinn 's do shiúlóinn an saol leat,
do rachainn tar sáile gan dá phingin spré leat;
do thug mo chroí grá dhuit go brách brách ná tréigfidh
's go dtógfá ón mbás mé ach a rá gur leat féin mé.

A Mháirín, glac mo chomhairle 's ná seoltar tú ar t'aimhleas:
seachain an stróinse, fear séite na hadhairce,
gaibh leis an óigfhear 'na nglaonn siad Ó Floinn air —
pós é de ghrá réitigh, ós é 's toil led mhuintir.

LEAGAN PRÓIS

A Mháirín de Barra, d'fhag tú m'intinn gan mhaith,
toisc gur imigh tú, tá mé beo ach folamh agus brónach, níl a fhios ag mo chlann go bhfuilim mar sin.
Nuair a bhím ar mo leaba, bím ag cuimhneamh ort,
bím ag cuimhneamh ort freisin nuair a éirím ar maidin, mar do ghoin tú mo chroí.

Thug mé grá mo chroí duit
ar maidin Lá Fhéile na Toirbirte sa Teampall —
bhí do shúile níos glaise ná an drúcht ar an bplanda óg nach bhfuil aibí;
bhí do ghuth níos ceolmhaire ná an t-éan ceoil nuair a chanann sé.

Rinne mé iarracht tú a fháil le focail agus le póga,
rinne mé iarracht tú a fháil le móideanna agus le mionnaí,
rinne mé iarracht tú a fháil nuair a bhí dath buí ag teacht ar an eorna,
ach níor éirigh liom agus bhí mé brónach folamh nuair a tháinig an bhliain nua.

Is breá don talamh a shiúlann tú air,
is breá don talamh nuair a chanann tú amhrán,
is breá don leaba a luíonn tú faoi éadach air,
agus is breá go deo don fhear a phósfaidh tú.

Chaithfinn mo shaol leat,
rachainn thar farriage gan airgead ar bith ó d'athair agat;
thug mé grá mo chroí duit agus ní thabharfaidh mé mo chúl le mo ghrá duit,
shábhálfá mé ón mbás dá ndéarfá go bpósfá mé.

A Mháirín, éist liom agus bí cúramach nach ndéanfaidh tú an rud a dhéanfaidh dochar duit:
fan amach ón duine gan mhaith — an duine a mholann é féin.
Téigh leis an bhfear óg darb ainm Ó Floinn —
pós é chun an cheist seo a shocrú mar is é sin an rud atá ag teastáil ó do chlann

- *Gluais*

do mhairbh = do mharaigh
m'intinn = *my mind*
beo dealamh = beo ach brónach nó folamh
do Chealg = do ghoin, do ghortaigh, *injured or hurt*
'nam = ionam

greann = grá
Lá Muire na gcoinneal = 2ú lá de mhí Fheabhra: Lá Fhéile na
                                Toirbirte sa Teampall, *the Feast of the*
                                Presentation
geamhar = gas nó planda óg coirce, *corn in the blade*
uisce na ngeamhartha = drúcht ar na plandaí coirce nach bhfuil
                            aibí
do bhéilín = do ghuth
binne = milse, *sweeter*
druid = éan ceoil, *starling*
a labhrann = a chanann

a mhealladh = a bhréagadh (a fháil), *seduce, win over*
leabhartha = *oaths*
móide = móideanna, mionna, *vows*
eorna = *barley*
breacadh na heorna = nuair a bhí an eorna ag éirí aibí;
                         nuair a bhí dath buí ag teacht ar an eorna
dubhach = brónach
nó = nua

mar chéile = mar bhean

tar sáile = thar lear, thar farraige
spré = saibhreas, airgead: an t-airgead a thugann fear dá iníon
        nuair a phósann sí, *dowry*
go brách = go deo
ná tréigfidh = ní fhágfaidh mé mo ghrá ar leataobh

glac = tóg, *accept*
aimhleas = dochar, *harm*
ná seoltar tú ar t'aimhleas = ná cuirtear tú ar an mbóthar a
                               ndéanfadh dochar duit
seachain = coinnigh amach ó, *beware*
stróinse = duine gan mhaith
fear séite na hadhairce = fear a mholann é féin, *blowing his own*
                                 horn

óigfhear = fear óg
'na nglaonn siad Ó Floinn air = a dtugann siad Ó Floinn air;
　　　　　　　　　　　　　　　darb ainm Ó Floinn
de ghrá réitigh = chun an rud ceart a dhéanamh, chun an
　　　　　　　　　fhadhb seo a shocrú
toil = mian, *wish*

● *An file*

Ní fios cé scríobh an dán seo.

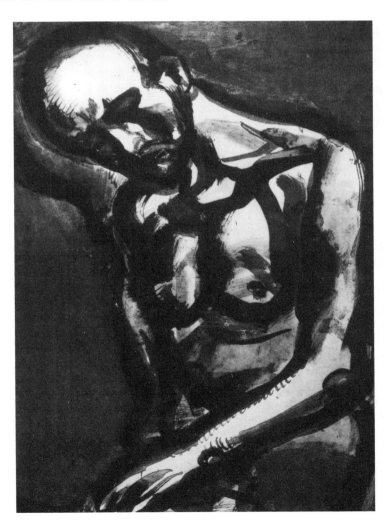

MÍNIÚ

Is amhrán grá é an dán seo. Tá an buachaill i ngrá leis an gcailín. Ach níl sí i ngrá leis. Níor éirigh leis í a mhealladh. Molann sé a háilleacht. Tá sé as a mheabhair agus tinn de bharr an ghrá. Grá aontaobhach atá i gceist anseo.

Tá an file buartha agus tá brón air mar níl a ghrá leis. Tá sé bocht folamh gan suim aige in aon rud. Tá sé chomh gortaithe sin leis an ngrá nach féidir leis smaoineamh ar aon rud ach ar an gcailín a d'fhág é. Nuair a bhíonn sé ina luí ar a leaba gach oíche bíonn sé ag smaoineamh ar a ghrá agus nuair a éiríonn sé, smaoiníonn sé uirthi freisin.

Thug sé grá di ar an dara lá de mhí Fheabhra, is é sin Lá Fhéile na Toirbirte sa Teampall. Bhí a súile níos glaise ná an drúcht ar an bplanda óg coirce agus bhí a guth níos ceolmhaire ná ceol binn an éin.

Rinne sé iarrachtaí í a mhealladh. Dúirt sé léi go sollúnta (*solemnly*) go raibh sé i ngrá léi. Thug sé an leabhar go raibh sé i ngrá léi. I rith an fhómhair rinne sé iarracht í a fháil dó féin. Ach sa deireadh níor éirigh leis, níor éist sí leis, níor ghlac sí lena ghrá agus bhí sé leis féin le teacht na bliana nua.

Ceapann an file go bhfuil sí chomh hálainn sin go gcuirfeadh sí aoibhneas ar an dtalamh ar a shiúlann sí nó ar an leaba ar a luíonn sí. Mar sin tá éad (*envy*) air leis an dtalamh agus leis an leaba. Ach tá an t-éad is mó air leis an bhfear a phósfaidh sí.

Rachadh an file aon áit léi. Chaithfeadh sé a shaol léi. Rachadh sé thar lear léi agus ní bheadh sé ag súil le hairgead óna hathair. Thug sé grá a chroí di agus tá sé cinnte nach mbeidh deireadh lena ghrá choíche. Tá an file i ngar don bhás de bharr a ghrá don chailín. Is féidir léi é a shábháil dá ndéarfadh sí go bpósfadh sí é.

Sa véarsa deireanach tá súil ag an bhfile nach ndéanfaidh an cailín aon rud mícheart. Tugann sé comhairle di. Deir sé: (a) a chomhairle a ghlacadh, (b) fanacht amach ón bhfear gan mhaith a mholann é féin agus (c) glacadh leis an bhfear darb ainm Ó Floinn agus é a phósadh (agus beidh a muintir sásta léi ansin).

Goilleann (*upsets*) an grá ar an bhfile. Tá sé brónach, éadóchasach agus trína chéile. Is ábhar trua é.

Baineann an file úsáid as athrá chun béim a chur ar:
1. A ghrá don chailín:
   'Do thugas 's do thugas 's do thugas óm chroí greann duit'.
2. A dhóchas go n-éireodh leis í a fháil:
   'Do shíl mé tú a mhealladh . . .' (trí huaire).
3. Áilleacht an chailín:
   'Is aoibhinn don . . .' (trí huaire).
4. An dúil atá aige san gcailín:
   'Do shiúlóinn 's do shiúlóinn 's do shiúlóinn an saol leat'.

Cabhraíonn an t-athrá le rithim (*rhythm*) an dáin freisin.

- **Príomh-íomhánna an dáin**

do mhairbh tú m'intinn:	• Ní féidir liom smaoineamh ar an aon rud.
do chealg tú an croí 'nam:	• Chuir tú brón mór orm.
do bhéilín:	• do ghuth
Is aoibhinn don talamh a shiúlann tú féin air: Is aoibhinn don talamh nuair a sheinneann tú véarsa: Is aoibhinn don leabaidh nuair a luíonn tú fé éadach:	Cuireann na meafair seo in iúl cé chomh hálainn is atá an cailín. Tá sí chomh hálainn sin go gcuireann sí áthas ar an dtalamh agus ar an leaba ar a luíonn sí.
fear séite na hadhairce:	• fear a mholann é féin

- **Príomh-mhothúcháin an dáin**

1. Grá: Tá an file as a mheabhair agus tinn de bharr a ghrá dá chailín.
2. Brón: Tá brón air mar ní rachaidh a ghrá leis: mar níl sí i ngrá leis; mar ní phósfaidh sí é.
3. Dóchas: Bhí dóchas aige sa tríú véarsa nuair a shíl sé go meallfadh sé í le focail, póga agus mionnaí. Bhí súil aige go dtitfeadh sí i ngrá leis.

4. Buairt: Tá buairt intinne air mar chaitheann sé gach lá agus gach oíche ag smaoineamh ar a ghrá agus níl sí in ngrá leis.
5. Trua: Is ábhar trua é an file. Tá sé i ngrá le cailín nach bhfuil suim dá laghad aici ann.
6. Éadóchas: Níl a chailín i ngrá leis agus ní bheidh choíche.

CEISTEANNA

1. Cén cineál dáin é seo? Cén fáth gur scríobh an file é?
2. Conas a chuireann an file in iúl nach féidir leis smaoineamh ar aon rud ach ar an gcailín? Cén fáth go bhfuil sé mar sin?
3. Cén cuntas a thugann an file ar áilleacht an chailín sa dara véarsa?
4. Cad a rinne an file chun an cailín a mhealladh?
5. Cathain a rinne sé iarracht í a mhealladh sa tríú véarsa? Ar éirigh leis? Cá bhfios duit?
6. Cén fáth go bhfuil éad ar an bhfile leis an dtalamh?
7. Cad iad na rudaí a dhéanfadh an file don chailín?
8. Conas a chuirtear in iúl go bhfuil an file i ngrá leis an gcailín
9. Cad í an difríocht idir an séú véarsa agus gach véarsa eile?
10. Cén tionchar a bhí ag an ngrá ar an bhfile?
11. Mínigh an cúigiú véarsa i d'fhocail féin.
12. Pioc amach na mothúcháin éagsúla sa dán seo agus mínigh iad.
13. Cén úsáid a bhaineann an file as athrá?
14. Cén sórt duine é an file?

3. SEODA

MÁIRTÍN Ó DIREÁIN

Saol an chipín ag dul le sruth
Saol an néill éagrothaigh,
Saol an bhíoga ar ghnúis ainnire,
Saol an mhaide gréine um nóin,
Saol an chubhair ar dhroim easa:
Seoda ab áil liom i mo stór,
Is cé nach gcuirfid lón faoi mo chom,
Ní chruinneofar a malairt liom.

LEAGAN PRÓIS

An fhad a mhaireann píosa beag adhmaid ag imeacht ar bharr abhann,
an fhad a mhaireann scamall gan chruth cinnte air,
an fhad a mhaireann miongháire ar aghaidh chailín,
an fhad a mhaireann ga gréine ag an meán lae,
an fhad a mhaireann an cúr ag titim ó bharr go bun easa:
is rudaí luachmhara dom na rudaí seo.
Ní thabharfaidh na rudaí seo bia le n-ithe dom,
mar sin féin ní chuirfidh mé suim i rud ar bith eile.

• *Gluais*

saol = an fhad a mhaireann rud
cipín = *little stick*
ag dul le sruth = ag imeacht ar bharr abhann
néal = scamall
éagrothach = gan aon chruth, gan chuma faoi leith, gan chuma nó cruth cinnte
bíog = miongháire, *smile*
ar ghnúis = ar aghaidh
ainnir = cailín
maide = ga, *ray, beam*
cubhar = cúr, *spray*
eas = *waterfall*
droim = *back*
seoda = clocha luachmhara
ab áil = is maith
stór = saibhreas, *treasures/riches*
com = *waist*
Ní chruinneofar = ní bhaileofar, *will not amass (riches)*
malairt = *opposite*

• *An file*

Rugadh Máirtín Ó Direáin in Inis Mór, ceann d'Oileáin Árann, i 1910. D'fhág sé an t-oileán i 1928 agus thosaigh sé ag obair in Ard-Oifig an Phoist i gcathair na Gaillimhe. Chuaigh sé go Baile Átha Cliath i 1937 agus thosaigh sé ag obair sa Roinn Oideachais. D'fhoilsigh sé *Ó Mórna agus Dánta Eile*. Scríobh sé leabhar próis, *Feamainn Bhealtaine*. Fuair sé bás i mBaile Átha Cliath i 1988.

MÍNIÚ

Is rud spioradálta í an áilleacht. Ní mhaireann sí ach ar feadh tamaillín bhig.
    Cá bhfuil an áilleacht le fáil sa saol seo? An bhfuil sé le fáil sa chorp nó sa spiorad (san anam, san intinn)? Tugann an file a fhreagra sa dán seo.
    Tá rudaí áirithe ag teastáil ón gcorp, m.sh. bia, éadaí. Tá na rudaí seo riachtanach don chorp. Mura mbeadh na rudaí seo ag

duine, gheobhadh sé bás. Ach má chuireann duine an bhéim orthu agus má dhéanann sé dearmad ar a spiorad nó ar a anam, ní thuigfidh sé áilleacht an domhain seo nó áilleacht an tsaoil seo.

Ní bhaineann na rudaí a luann an file sa dán seo leis an gcorp. Níl siad praiticiúil. Baineann siad le spiorad nó le hanam an duine. Ní féidir iad a cheannach. Tá siad saor. Tá siad ann le haghaidh gach duine. Is féidir le gach duine iad a fheiceáil nó iad a mhothú nó iad a thabhairt faoi deara.

Is seoid í gach rud a luann an file: píosa beag adhmaid ar barr abhann, cruth scamaill sa spéir, miongháire ar aghaidh chailín, ga gréine agus cúr easa. Tá siad go léir luachmhar. Tá luach ag baint leo mar mhothaímid an áilleacht iontu. Is seoda iad mar chuireann siad uile áilleacht an domhain nó áilleacht an tsaoil in iúl. Nochtann gach ceann acu an áilleacht dúinn. Léiríonn gach seoid gné (*characteristic*) nó cáilíocht (*quality*) éigin den áilleacht dúinn. Labhraíonn siad le spiorad nó le hanam an duine.

Ach faraor! tá cáilíocht amháin ag baint le gach ceann de na rudaí a luann an file: ní mhaireann sé ach ar feadh noiméid bhig. Tá gach ceann neamhbhuan (*transient*). Ach mar sin féin i rith an ama a fheiceann nó a mhothaíonn an file iad, tuigeann sé go bhfuil an áilleacht i ngach ceann acu.

Deir sé go bhfuil siad níos tábhachtaí dó ná rudaí a bhaineann leis an gcorp amháin, m.sh. bia. Labhraíonn an áilleacht trí na rudaí seo le spiorad nó le hanam an fhile.

Tá a fhios aige nach gcuireann na seoda seo bia ina bholg:
    'Is cé nach gcuirfid lón faoi mo chom'.
Ach mar sin féin, tugann sé tús áite dóibh ina shaol:
    'Seoda ab áil liom i mo stór'.
Ní chuireann sé spéis i rudaí ábharacha (*material things*), i.e. rudaí a bhaineann leis an gcorp amháin — rudaí nach bhfuil cosúil leis na seoda a luann sé.

Tá dhá dhearcadh ar an saol i gceist sa dán seo:
1. An t-idéalachas (*idealism*) a bhaineann leis an spiorad agus leis an áilleacht.
2. An t-ábharachas (*materialism*) a bhaineann leis an gcorp agus le rudaí an domhain seo.

- Príomh-íomhánna an dáin

Saol an chipín . . .
Saol an néill . . .
Saol an bhíoga . . .
Saol an mhaide gréine . . .
Saol an chubhair . . .

- Is meafair iad seo go léir den áilleacht.
- Tá gach ceann neamhbhuan.
- Is féidir gach ceann a fheiceáil.
- Is féidir gach ceann a thabhairt faoi deara.
- Ní féidir breith ar aon cheann acu.
- Ní féidir greim a fháil ar aon cheann acu.
- Mothaímid an áilleacht i ngach ceann acu.

Seoda ab áil liom i mo stór:
lón faoi mo chom:

- rudaí luachmhara a bhfuil meas agam orthu
- rud ábharach (*material thing*)

- Príomh-mhothúcháin an dán

Grá: grá don áilleacht

....
CEISTEANNA

1. Cé scríobh an dán seo? Scríobh nóta faoi.
2. Cén fáth go dtugann an file seoda ar na rudaí a luann sé i línte 1-5?
3. Cad a chuireann gach seoid in iúl? Mínigh do fhreagra.
4. Cad is brí leis an líne:
    'Seoda ab áil liom i mo stór'?
5. Cad í an difríocht idir an seoid i líne 3 agus na seoda eile?
6. Cén sórt duine é an file, i do thuairim?
7. Mínigh an dá dhearcadh ar an saol atá i gceist sa dán seo?
8. Déan liosta de na rudaí nach mbeadh suim ag an bhfile iontu.
9. Cad iad cáilíochtaí gach seoide a luann an file?
10. Cad is brí leis an líne:
    'Ní chruinneofar a malairt liom'?

4. RANNA

MÁIRE MHAC AN tSAOI

Le snoí croí is intinne
Bhreacas ar phár
M'urraim don áilleacht:
Go bhfuil mar atá.

Thugas dóibh siúd é,
Leosan níorbh fhíor é,
Chuireadar uathu é —
Is níor foilsíodh é.

Feasta bead gléasta
I gcaidhp na gcloigíní;
Tréigfead an véarsa
Ag déanamh bhur ngrinn díbh.

LEAGAN PRÓIS

Le trioblóid chroí agus aigne
scríobh mé ar pháipéar
m'ómós don áilleacht
mar atá sí go fírinneach.

Thug mé í (m'fhilíocht) do na foilsitheoirí,
cheap siad nach raibh sí fíor,
chaith siad uatha í —
níor chuir siad í i gcló.

As seo amach beidh
éadaí na hóinsí orm:
tabharfaidh mé mo chúl do mo chuid filíochta (agus)
déanfaidh mé rudaí a chuirfidh sibh ag gáire.

- *Gluais*

Ranna = véarsaí, filíocht, dán
snoí = dua, trioblóid, *hardship, trouble*
Bhreacas = scríobh mé
ar phár = ar pháipéar
urraim = ómós, meas, *respect*

leosan = dar leo siúd, cheap siad
fíor = fírinne, *truth*
níor fhoilsíodh é = ní dhearnadh leabhar de, níor chuireadh é i leabhar

feasta = as seo amach
bead = beidh mé
i gcaidhp na gcloigíní = i gcaipín na hóinsí, *fool's clothes*
tréigfead = tréigfidh mé, tabharfaidh mé mo chúl do m'fhilíocht/dán

- *An file*

Rugadh Máire Mhac an tSaoi i mBaile Átha Cliath i 1922. Chuaigh sí ar scoil i nDún Chaoin i gCiarraí agus i mBaile Átha Cliath. Chaith sí tréimhsí dá saol thar lear i bPáras, Madrid, Gána agus Nua-Eabhrach. Tá sí ina cónaí i mBaile Átha Cliath.

D'fhoilsigh sí dhá chnuasach filíochta: *Margadh na Saoire* i 1956 agus *Codladh an Ghaiscigh* i 1973.

MÍNIÚ

Níl meas ag an slua ar an áilleacht. Nil suim ag mórán daoine inti. Tá meas acu ar rudaí a chuireann iad ag gáire. Nuair a thuigeann an banfhile é seo, tréigeann sí a chuid filíochta agus tosaíonn sí ag scríobh rudaí a chuirfidh an slua ag gáire.

Mhachnaigh (*reflected*) an banfhile go dian ar an áilleacht. Rinne sí iarracht í a thuiscint lena hintinn agus í a mhothú lena croí. Cheap sí gur thuig sí fírinne na háilleachta. Scríobh sí ranna (véarsaí, dán, filíocht) chun a tuiscint, a hómós agus a grá don áilleacht a léiriú.

Thug sí na véarsaí do na daoine a fhoilsíonn leabhair. Cheap sí go mbeadh suim acu iontu. Ach cheap na foilsitheoirí nach raibh an ceart aici. Mheas siad nach raibh fírinne na háilleachta ina cuid filíochta.

Is dócha nach raibh anseo ach leithscéal. Bhí a fhios ag na foilsitheoirí nach mbeadh suim ag gnáthmhuintir an domhain i bhfilíocht faoin áilleacht. Bhí a fhios acu nach gceannódh aon duine an fhilíocht agus go gcaillfidís airgead dá gcuirfidís í i gcló. Chaith siad uatha í.

Ní thosaíonn an banfhile ag argóint leis na foilsitheoirí nach bhfuil ar aon intinn léi. Ní dhéanann sí iarracht a dtuairimí a athrú. Glacann sí nach bhfuil meas ag gnáthmhuintir an domhain seo ar a tuairimí faoin áilleacht. Géilleann sí do mheon an tslua. Ní dhéanfaidh sí iarracht arís cuntas a thabhairt ar an áilleacht. Ní scríobhfaidh sí filíocht a thuilleadh faoin áilleacht.

Beidh nósanna eile aici as seo amach. Caithfidh sí a cuid filíochta ar leataobh. Cuirfidh sí uirthi 'caidhp na gcloigíní' nó éadaí na hóinsí. Seasann na héadaí nua seo don stíl nua a bheidh aici, i.e. beidh béasa an duine ghrinn aici; cuirfidh sí an slua ag gáire; beidh sí ag déanamh grinn dóibh; déanfaidh sí na rudaí atá ag teastáil ón slua. Beidh sí ina háilteoir (*clown*) dóibh.

Tá dóchas ag an mbanfhile i dtús an dáin mar cheap sí go mbeadh suim ag daoine eile ina grá don áilleacht. Nuair a chaith na foilsitheoirí a dán amach, shocraigh sí go scríobhfadh sí na rudaí a mbeadh suim ag daoine iontu. B'fhéidir go raibh díomá agus brón uirthi nár thuig na foilsitheoirí a filíocht, ach cheil sí na mothúcháin seo.

Ag deireadh an dáin tá uaigneas uirthi toisc nach dtuigeann aon duine í. Glacann sí le meon an tslua ach ní aontaíonn sí leis.

Leis na focail 'bhur' agus 'díbh' tuigimid nach bhfuil sí ar aon intinn leis an slua, cé go bhfuil sí ag déanamh grinn dóibh. Tá sí taobh amuigh den tslua.

● *Príomh-íomhánna an dáin*

Feasta bead gléasta ⎱
I gcaidhp na gcloigíní ⎰

As seo amach beidh nósanna, nó béasa nó stíl na hóinsí agam. Ní bheidh mé dáiríre. Beidh mé ag déanamh grinn nó ag déanamh suilt don tslua.

● *Príomh-mhothúcháin dáin*

1. Grá: Bhí grá ag an mbanfhile don áilleacht.
2. Dóchas: Bhí dóchas aici go mbeadh suim ag na foilsitheoirí (agus daoine eile) ina filíocht.
3. Uaigneas: Tuigeann sí nach dtuigeann aon duine í.
   Tuigeann sí go bhfuil sí léi féin taobh amuigh den tslua.

CEISTEANNA

1. Ainmnigh agus scríobh nóta ar an duine a chum an dán seo.
2. Cad is brí leis an gcéad líne?
3. Cad a bhí sa dán a scríobh an banfhile?
4. (a) Cé hiad 'dóibh siúd'?
   (b) Cén fáth gur thug sí an dán dóibh?
   (c) Cad a cheap siad faoina dán?
   (d) An nglacann tú féin lena dtuairim?
   (e) An gceapann tú go bhfuil míniú eile lena dtuairim? Mínigh do fhreagra.
5. An scríobhfaidh an banfhile filíocht arís? Cuir fáth le do thuairim.
6. Mínigh an meafar i línte 9-10.
7. Cad a dhéanfaidh an banfhile as seo amach? Cén fáth go ndéanfaidh sí an rud seo?
8. Mínigh na mothúcháin sa dán seo.

5. M'UNCAIL

SEÁN MAC FHEORAIS

Níor bhuair sé mé le gnaois na leabhar,
Ná fiú le gaois an tsaoil,
Ach mhúin sé dhom
Feadóg a dhéanamh den bhfuinseoig,
Is cléibhín slatach d'fhí a cheapfadh lon
Le linn an tseaca;
Thaispeáin sé dhom casán an choinín
Tríd an gclaí,
Is d'fheistigh liom an dol
A cheap é roimh an ngréin;
Do ghléas sé liom an dorú gearr
A shrianaigh dhom an eascú lúbach;
Is chuir sé orm lámha
A bhailíodh bric as sruth —
Leas-ghnóthaí beaga dúthaí
A dhearmadas le blianta,
Ach bhrúcht siad suas im scornaigh
Nuair theann na fir sa tost faoin uaigh
Ag sluaistiú cré ar a chónair.

Seán Mac Fheorais

LEAGAN PRÓIS

Níor chuir sé isteach orm le léann na leabhar,
níor chuir sé isteach orm le léann ó chúrsaí an tsaoil,
ach mhúin sé dom
conas feadóg a dhéanamh den chrann fuinseoige,
agus conas tigín de chipíní a dhéanamh a bhéarfadh ar an lon
nuair a bheadh sioc ar an dtalamh;
thaispeáin sé dom bóithrín an choinín
tríd an gclaí,
agus d'ullmhaigh sé dom an gaiste
a rug air roimh éirí na gréine;
d'ullmhaigh sé dom an téadán iascaigh
a rug ar an eascú a bhí ag cor agus ag casadh;
mhúin sé dom conas breith ar
bhric as abhainn le mo lámha —
(is) caitheamh aimsirí na tuaithe gan mórán tábhachta (iad seo
 go léir) —
rinne mé dearmad orthu fadó ó shin,
ach tháinig siad ar ais chugam mar mhothúchán láidir
nuair a chruinnigh na fir gan focal astu thart timpeall ar an
 uaigh
ag caitheamh cré anuas ar chónair m'uncail.

● *Gluais*

Níor bhuair sé = níor chráigh sé, níor chuir sé isteach orm, *he did not vex, annoy, upset me*
gaois = léann, *wisdom, learning*
Ná fiú = *nor even*
feadóg = *whistle*
fuinseog = *ash tree*
cléibhín slatach = tigín déanta de chipíní, *a small basket made of twigs*
D'fhí = a dhéanamh, *to weave*
cheapfadh = a bhéarfadh, *that would catch a*
sioc = *frost*
d'fheistigh (sé) = d'ullmhaigh (sé), ghléas (sé)
dol = gaiste: an rud a bheireann ar ainmhí, *snare*
a shrianaigh = a smachtaigh, *which subdued*
eascú = *eel*

lúbach = ag cor agus ag casadh, *twisting and turning*
bric = *trout*
as sruth = as abhainn
leas-ghnóthaí = caitheamh aimsirí gan tábhacht, *second-rate pursuits*
bhrúcht = tháinig siad aníos (i mo scornach), tháinig tocht orm, *I became emotional*
Nuair a theann = nuair a chruinnigh, nuair a bhailigh
ag sluaistiú = ag caitheamh cré le sluasaid, *shovelling*
cónair = *coffin*

- *An file*

Rugadh Seán Mac Fheorais in aice le hÁtha Í i gCo. Chill Dara i 1915. Chaith sé na blianta fada ag múineadh i gCo. Átha Cliath.
D'fhoilsigh sé dhá chnuasach filíochta: *Gearcaigh na hOíche* agus *Léargas*. Fuair sé bás i 1984

MÍNIÚ

Athraíonn an bás an tuiscint a bhí ag an bhfile mar fhear ar a uncail.
Nuair a bhí an file an-óg fuair a athair bás. Chaith sé a óige i dteach a uncail. Bhí a uncail ina athair dó. Rinne sé ionad athar dó. Chaith an file a lán ama leis. Cheap an file go raibh sé an-suimiúil. D'fhoghlaim sé a lán rudaí uaidh faoin stair, faoin litríocht agus faoin nádúr. Nuair a bhí sé óg bhain sé taitneamh as an ngaol idir é féin agus a uncail.
Sa dán tá an file ina fhear ina sheasamh ar bhruach uaigh a uncail. Tá na daoine thart timpeall na huaighe ina dtost. Tosaíonn sé ag machnamh. Smaoiníonn sé ar a uncail. Cuimhníonn sé ar a óige féin agus ar na rudaí a mhúin agus a thaispeáin a uncail dó.

Tuiscint an uncail ar mheon buachalla
Níor chuir a uncail isteach ar an bhfile le heolas a d'fhoghlaim sé ó leabhair a léigh sé. Níor chuir sé isteach air le heolas a bhailigh sé ó chúrsaí an tsaoil. Thuig a uncail nach mbeadh suim ag buachaill beag sna rudaí sin. Ghlac a uncail leis an bhfile mar bhuachaill beag. Thuig sé é ar leibhéal buachalla. Thuig sé é, a

nia (*nephew*), agus na rudaí a mbeadh suim aige iontu. Mar sin d'fhoghlaim an buachaill rudaí iontacha uaidh. Bheadh suim ag aon bhuachaill sna rudaí a mhúin sé dó.

Tuiscint an fhile ar a uncail nuair a bhí sé beo
Bhain an file taitneamh agus spórt as na rudaí a thaispeáin a uncail dó. Cheap sé go raibh siad suimiúil. Ach nuair a bhí sé ina fhear, ní raibh siad tábhachtach dó. Ní raibh iontu, dar leis, ach cleasa beaga a bhain leis an tuath agus leis an óige:
'Leas-ghnóthaí beaga dúthaí',
agus rinne sé dearmad orthu toisc nach raibh áit acu ina shaol mar fhear. (Ciallaíonn an focal 'leas', caitheamh aimsirí beaga.)

Cad iad na rudaí simplí seo a mhúin a uncail dó?
1. Mhúin sé dó conas feadóg a dhéanamh den bhfuinseoig.
2. Mhúin sé dó conas tigín beag a dhéanamh de phíosaí adhmaid a bhéarfaidh ar éan.
3. Thaispeáin sé dó an áit ar rith an coinín tríd an gclaí.
4. Rinne sé gaiste dó a rug ar an gcoinín roimh éirí na gréine.
5. D'ullmhaigh sé dó an téadán iascaigh a rug ar an eascú.
6. Mhúin sé dó conas breith ar bhric lena lámha.

Tuiscint an fhile ar a uncail ag seasamh ar bhruach a uaighe
Tuigeann sé go raibh míniú speisialta ag baint leis na rudaí a mhúin a uncail dó. Thaispeáin an t-am a chaith a uncail leis an bhfile ag déanamh na 'Leas-ghnóthaí beaga dúthaí' go raibh grá aige dó. Cheap a uncail go raibh an buachaill féin tábhachtach agus gurbh fhiú am a chaitheamh leis. Tá brón ar an bhfile go bhfuil a uncail cineálta marbh.

- *Príomh-íomhánna an dáin*

Feadóg a dhéanamh:
Is cléibhín slatach d'fhí:
Thaispeáin sé dhom casán an choinín:
Is d'fheistigh:
Do gléas sé liom:
Is chuir sé orm lámha:

} Cuireann gach íomhá anseo pictiúr beo os ár gcomhair a léiríonn an saol simplí a bhí ag an bhfile lena uncail.

Ach bhrúcht siad suas im scornaigh: Tháinig brón air.

- *Príomh-mhothúcháin an dáin*

1. Grá: Bhí grá ag a uncail don fhile mar bhuachaill.
Tá grá ag an bhfile dá uncail ag an uaigh.

2. Brón: Tá brón ar an bhfile go bhfuil a uncail cineálta marbh.
Tá brón air, b'fhéidir, go ndearna sé dearmad ar na 'Leas-ghnóthaí beaga dúthaí' a thaispeáin grá a uncail dó.

CEISTEANNA

1. Cé scríobh an dán seo? Scríobh nóta faoi.
2. Cad í an difríocht idir 'gaois na leabhar' agus 'gaois an tsaoil'?
3. Mínigh: 'Leas-ghnóthaí beaga dúthaí'.
4. Cén fáth, dar leat, go ndearna sé dearmad ar na rudaí a mhúin a uncail dó?
5. Mínigh: 'Ach bhrúcht siad suas im scornaigh'.
6. Ar thuig a uncail meon buachalla óig? Mínigh do fhreagra.
7. Cad a mhúin a uncail dó faoin gcoinín?
8. Conas a rug an file ar (a) lon, (b) eascú, (c) breac?
9. Cad é an mothúchán is láidre sa dán seo?
10. Cén fáth, dar leat, gur scríobh an file an dán seo?
11. An bhfuil grá sa dán seo? Mínigh do fhreagra.

6. OÍCHE NOLLAIG NA MBAN

SEÁN Ó RÍORDÁIN

Bhí fuinneamh sa stoirm a éalaigh aréir,
  Aréir oíche Nollaig na mBan,
As gealt-teach iargúlta tá laistiar den ré
  Is do scréach tríd an spéir chughainn 'na gealt,
Gur ghíosc geataí comharsan mar ghogallach gé,
  Gur bhúir abhainn shlaghdánach mar tharbh,
Gur múchadh mo choinneal mar bhuille ar mo bhéal
  A las 'na splanc obann an fhearg.

Ba mhaith liom go dtiocfadh an stoirm sin féin
  An oíche go mbeadsa go lag
Ag filleadh abhaile ó rince an tsaoil
  Is solas an pheaca ag dul as,
Go líonfaí gach neomat le liúirigh ón spéir,
  Go ndéanfaí den domhan scuaine scread,
Is ná cloisfinn an ciúnas ag gluaiseacht fám dhéin,
  Ná inneall an ghluaisteáin ag stad.

Seán Ó Ríordáin

LEAGAN PRÓIS

Bhí cumhacht sa stoirm a bhris amach aréir,
 aréir, oíche Nollaig na mBan (an 6ú lá d'Eanáir),
 ó theach na ndaoine le Dia atá i bhfad ón áit seo taobh thiar den ghealach.
Bhí an stoirm chomh fiáin le duine as a mheabhair ag teacht inár dtreo,
 (faoi chumhacht na stoirme) rinne geataí na ndaoine béal dorais torann cosúil le géanna,
 (faoi chumhacht na stoirme) rinne an abhainn mhall éagcaoin cosúil le tarbh,
 (faoi chumhacht na stoirme) múchadh mo sholas chomh tobann le buille ar m'aghaidh
 agus las an buille m'fhearg go tapaidh.

Do bheinn sásta go dtiocfadh an stoirm
 an oíche a bheinn tinn (ag fáil bháis)
 ag teacht abhaile ó phléisiúr an tsaoil
 agus pléisiúr an pheaca ag sleamhnú siar,
 (ba mhaith liom) go mbeadh gach nóiméad lán de screadanna
 (ba mhaith liom) go mbeadh a lán rudaí ag screadach,
 (ba mhaith) liom nach gcloisfinn an ciúnas ag teacht i mo threo,
 (ba mhaith liom) nach gcloisfinn cumhacht an ghluaisteáin ag stad.

● *Gluais*

Oíche Nollaig na mBan = an 6ú lá d'Eanáir
fuinneamh = cumhacht, neart
a éalaigh = a bhris amach
gealt-teach = *home for the mentally ill*
gealt = duine le Dia, duine as a mheabhair, duine gan smacht
iargúlta = i bhfad ó aon áit, *remote, isolated*
laistiar den ré = taobh thiar den ghealach
scréach = béic, liú, *screech*
ghíosc = dhíosc, *creak, grind, grate*
gogallach gé = an gleo nó an torann a dhéanann géanna, *cackle*
gur bhúir = gur scread, *roared*
slaghdánach = tinn, mall
tarbh = *bull*

splanc = spréach, *spark*
obann = tobann, *sudden*

go mbeadsa = go mbeidh mé féin
ag filleadh abhaile = ag dul abhaile nó ag teacht abhaile
go líonfaí = *would be filled*
liúirigh = *yelling, shouting*
go ndéanfaí = *would be made*
scuaine scread = a lán rudaí ag béiceadh, ag screadaíl, ag liúireach
scuaine = *flock, collection of (shouts or noises)* . . .

- *An file*

Rugadh Seán Ó Ríordáin i 1916 i mBaile Bhuirne i gCorcaigh. Ní raibh an tsláinte go maith aige. Bhíodh sé in ospidéal go minic. D'fhoilsigh sé *Eireaball Spideoige* (1952). Scríobh sé don *Irish Times*. Fuair sé bás i 1977.

MÍNIÚ

Sa dán seo machnaíonn Ó Ríordáin ar a shaol féin agus déanann sé iarracht cuntas a thabhairt ar theacht a bháis.

Tosaíonn sé le storim fhiáin ar Oíche Nollaig na mBan, i.e. an 6ú lá d'Eanáir. (Chuireadh daoine coinnle ina bhfuinneoga an oíche sin agus úsáideann Ó Ríordáin a choinneall mar mheafar nó siombail in líne 7.) Níor thosaigh an stoirm ar an domhan seo. Níl eolas againn ar an áit inar thosaigh sí. Shéid sí ó áit uaigneach taobh thiar den ghealach. Ní féidir linn a tús a thuiscint toisc go bhfuil sé chomh fada sin uainn. Thosaigh sí i ngealt-teach — áit nach bhfuil tuiscint cheart ná ciall ag na daoine atá ina gcónaí ann. Cuireann an meafar seo, 'gealt-teach', in iúl nach dtuigeann an file aon rud faoin stoirm. Is meafar í an stoirm d'imeachtaí an tsaoil seo; ní thuigimid iad i gceart; níl míniú ceart againn orthu.

Ní raibh mórán de shonas an tsaoil seo ag an bhfile. Bhíodh sé tinn go minic. Chaith sé tréimhsí fada in ospidéal. Ach mar sin féin bhí dóchas aige ar feadh tamaill go mbeadh sonas éigin aige sa saol seo. Is meafar nó siombail í an choinneal dá dhóchas. Fhad agus a bhí (*as long as*) a choinneal ar lasadh bhí dóchas aige. Ach mhúch an stoirm a choinneal, i.e. chuir imeachtaí a shaoil deireadh lena dhóchas go tobann (mar bhuile). Las an stoirm a fhearg. Bhí fearg air toisc go raibh deireadh lena dhóchas agus bhí a fhios aige nach mbeadh a shláinte go maith agus nach mbeadh aon sonas aige ina shaol.

Sa dara véarsa machnaíonn an file ar theacht a bháis féin. Níl fearg air leis an stoirm anois. Ba mhaith leis go dtiocfadh sí (an stoirm) i rith na hoíche a bheadh sé féin ag fáil bháis. Tá súil aige go gcloisfidh sé an stoirm nuair a bheidh sé críochnaithe le spórt an tsaoil agus le pléisiúr an pheaca (línte 11-12).

Nuair a bheidh an stoirm ag séideadh, ní chloisfidh sé an ciúnas (meafar don bhás) ag teacht chuige. Ní mhothóidh sé a eagla roimh an mbás. Ba mhaith leis nach dtabharfaidh sé faoi deara go mbeidh sé ag fáil bháis. Beidh a aire ar an stoirm, i.e. ar imeachtaí nó ar rudaí an tsaoil seo, agus mar sin tá súil aige nach gcloisfidh sé 'ineall an ghluaisteáin' ag stad. Sa mheafar seo seasann 'ineall' d'anam an fhile agus seasann 'gluaisteán' dá chorp.

Úsáideann an file onamataipé — cloiseann tú an fhuaim atá i gceist sa bhfocal féin, m.sh. 'scréach' — chun torann na stoirme a chur in iúl.

'Gur ghíosc geataí comharsan mar ghogallach gé,
Gur bhúir abhainn shlaghdánach mar tharbh'.
Is féidir linn fuaim gharbh na stoirme a chloisteáil sna focail: **'scréach'**, **'gíosc'**, **'ghogallach gé'** agus torann doimhin trom na habhann a chloisteáil sna gutaí leathana i **'bhúir'**, **'abh**ainn shlagh**dán**ach.

- *Príomh-íomhánna an dáin*

stoirm:	• imeachtaí an tsaoil seo
gealt-teach:	• Is deacair rud a thuiscint san áit seo.
	Is deacair míniú a fháil san áit seo.
laistiar den ré:	• i bhfad uainn; níl eolas againn ar an áit.
mar ghogallach gé } mar tharbh }	Cuireann siad fuaim na stoirme in iúl.
mo choinneal:	• mo dhóchas
mar bhuille ar mo bhéal:	• gníomh tobann
'na splanc obann:	• (tháinig a fhearg air) go tapaidh
ag filleadh abhaile:	• ag deireadh a shaoil
rince an tsaoil:	• pléisiúr an tsaoil seo
solas an pheaca:	• an pléisiúr a fhaigheann duine ón bpeaca
go ndéanfaí den domhan scuaine scread:	• go mbeadh glór nó torann imeachtaí an tsaoil seo i mo chluasa (ionas nach gcloisfinn an bás ag teacht)
an ciúnas:	• an bás
inneall an ghluaisteáin:	• anam an choirp

- *Príomh-mhothúcháin an dáin*

1. Dóchas: Seasann 'mo choinneal' don dóchas a bhí ag an bhfile.
2. Fearg: Tá fearg air mar tógadh a dhóchas uaidh go tobann.
3. Eagla: Tá eagla air roimh an mbás. Ba mhaith leis nach gcloisfeadh sé é ag teacht chuige.

CEISTEANNA

1. Cé scríobh an dán seo? Scríobh nóta faoi.
2. Cén áit ar thosaigh an stoirm?
3. Mínigh na meafair 'gealt-teach' agus 'na gealt'.
4. Scríobh cuntas ar an stoirm.
5. Conas a chuireann an file in iúl go raibh an stoirm fiáin?
6. Cad iad na fuaimeanna a bhí le cloisteáil nuair a bhí an stoirm ag séideadh?
7. Conas a chuirtear in iúl go raibh dóchas ag an bhfile?
8. Cén fáth gur tháinig fearg ar an bhfile?
9. Mínigh na línte:
   'Ag filleadh abhaile ó rince an tsaoil
   Is solas an pheaca ag dul as.'
10. Cén fáth gur mhaith leis an bhfile go mbeidh stoirm ag séideadh nuair a bheidh sé 'ag filleadh abhaile'?
11. Mínigh an líne deireanach.
12. Cad a cheapann an file faoi a bhás féin sa dán seo?

7. TUAIRIMÍ
LIAM S. GÓGAN

Sin é an marbh
'Na luí ar lic,
Chomh nocht le n'fheadar,
Chomh bocht le luich.

Cá bhfuil an trealamh
Is an phoimp anois?
Ag lobhadh go dealbh
Nó ar dhroim nach leis.

Is an bhean úd mhaiseach
Na mball gan locht?
Le fear dá mhalairt
Ag rince poirt!

Cá bhfuil an mheabhair
Bhíodh teann sa treis,
Is gach tuairim dhearbh
Do shuíodh go te?

Tá a n-éifeacht caite,
Gan bail, gan tuis,
Agus iad chomh sraite
Le m'fhear ar lic!

Scriobtar go tapa
Óm radharcsa an rud;
Sáigh é i dtalamh
Is a ráite leis.

Tá tuilleadh dá shamhail
Go deimhin le cur;
Bíodh na sluaiste i bhfearas
Chun saothair thiubh!

Mar níl sa bheatha
Go léir ach puth,
Is ár dtuairimí reatha
Ní fearr ná sin.

LEAGAN PRÓIS

Sin é an corpán (duine marbh)
ina luí ar leac;
tá sé nocht go hiomlán (agus)
tá sé chomh bocht le luch.

Cá bhfuil na rudaí saibhre (a bhí aige)
agus na rudaí galánta?
Tá siad ag feo (*decaying*)
nó tá siad ag duine eile.

Agus (cá bhfuil) an bhean álainn sin
leis na cosa agus na lámha gan smál?
Tá sí anois le fear eile nach bhfuil cosúil leis an duine marbh,
ag damhsa!

Cá bhfuil an intleacht
a bhíodh go maith san argóint
agus a bhíodh cinnte dá cuid smaointe
agus a bhíodh ag éirí go maith léi?

Tá tábhacht na smaointe go léir imithe;
níl tábhacht nó níl maitheas leo anois;
tá siad chomh marbh
le mo chorpán ar an leac.

Tóg an corpán go tapaidh
as mo radharc;
cuir é in uaigh
agus (cuir in uaigh, freisin,) gach rud a dúirt sé.

Tá a lán daoine eile cosúil leis
le cur freisin;
bíodh na sluaistí réidh
chun an obair a dhéanamh.

Mar níl sa bheatha
ach séadán (gaoth lag),
agus, na tuairimí (smaointe) atá againn,
níl siad níos fearr ná an séadán sin.

● **Gluais**

marbh = corpán, duine marbh, *corpse*
leach = cloch mín, *slab*
nocht = gan éadaí, *naked, bare*
luch = *mouse*

trealamh = rudaí saibhre, gléasanna saibhre, éadaí galánta
poimp = galántacht, éirí in airde, *pomp*
ag lobhadh = ag feo, *decaying, withering*
go dealbh = go bocht
ar dhroim nach leis = tá éadaí an chorpáin ag duine eile anois

maiseach = dathúil, álainn, *pretty*
ball = géaga, i.e. cosa, lámha, *limbs*
locht = máchail, *blemish, fault*
le fear dá mhalairt = le fear nach bhfuil cosúil leis an duine
       marbh nuair a bhí sé beo
port = rince, damhsa

meabhair = intinn, aigne, intleacht
teann = cumasach, láidir
treis = argóint, troid
dearbh = cinnte
Do shuíodh go te = bhíodh sí cinnte dá cuid smaointe

éifeacht = tábhacht (neart), *effect, importance*
gan bail = gan tábhacht, gan cheart, *invalid*
tuis = gan mhéid
sraite = sínte

sciobtar = tógtar go tapaidh, *take away*
go tapa = go tapaidh
an rud = an corpán
sáigh = cuir
ráite = na focail a dúirt sé

tuilleadh = níos mó, *more*
dá shamhail = cosúil leis (an gcorpán)
go deimhin = cinnte
le cur = le cur in uaigh
sluaiste = *shovels*
i bhfearas = réidh, ullamh

saothar = obair, *work*
tiubh = dian

puth = séadán, gaoth lag, *puff*
reatha = *current*

- *An file*

Rugadh Liam S. Gógán i mBaile Átha Cliath i 1891. Chaith sé tamall i gcampa coinneála Frongoch i 1916 tar éis An Éirí Amach. Chabhraigh sé leis an Athair Ó Duinnín chun a fhoclóir Gaeilge-Béarla a ullmhú. D'fhoilsigh sé chnuasach filíochta: *Nua Dánta* (1919) agus *Duanaire a Sé* (1966) ina measc. Fuair sé bás i 1979.

MÍNIÚ

Machnaíonn an file ar na rudaí a dhéanann daoine i rith a saoil, na smaointe a bhíonn acu agus na rudaí a gcuireann siad spéis iontu. Ansin tugann sé a bhreith bhunúsach ar bheatha an duine.

Tá an duine marbh os comhair an fhile. Is cuma anois an raibh aon rud aige nuair a bhí sé beo nó nach raibh. Níl aon difríocht idir é agus aon chorpán eile. Níl aon rud aige. Tá sé nocht agus bocht. Ní dhéanann aon rud a bhí aige i rith a shaoil aon mhaitheas dó anois. Cuireann an bás deireadh le gach rud: saibhreas, éadaí galánta, cairde, intleacht.

I línte 5-16 cuireann an file ceisteanna ar an duine marbh. Tugann sé féin na freagraí dúinn. Sna freagraí seo tá dearcadh gruama an fhile ar an saol le fáil.

Na ceisteanna	Na freagraí
Cá bhfuil na rudaí deasa luachmhara agus na héadaí galánta a bhí aige? (véarsa 2)	Tá siad ag feo nó tá siad ag duine eile nár cheannaigh iad agus a fuair iad saor in aisce. Ní dhéanann siad aon difríocht, olc ná maith, don chorpán.
Cá bhfuil an bhean álainn a bhí aige? (véarsa 3)	Níl an fear marbh ach tamaillín bhig agus tá sí ag rince le fear eile. Tá dearmad glan déanta aici ar an duine marbh. Is cosúil nach raibh sí sásta leis nuair a bhí sé beo mar d'imigh sí 'le fear dá mhalairt', i.e. fear nach bhfuil cosúil leis an duine marbh. (malairt = *opposite*)
Cá bhfuil intleacht an chorpáin a bhí go maith san argóint agus a bhí cinnte dá cuid smaointe? (véarsa 4)	Níl éifeacht anois lena smaointe nó lena tuairimí. Tá siad chomh marbh leis an gcorpán. Is cuma an raibh an ceart aige nó nach raibh.

Tá na ceisteanna faoi na rudaí maithe agus na cáilíochtaí a bhí ag an duine. Sna freagraí níl cuimhne ar an duine, ná ar na rudaí a bhí aige ná ar a cháilíochtaí. Cuireann na freagraí béim ar an gcodarsnacht (*contrast*) iomlán atá idir an beatha agus an bás: bíonn rudaí agus cáilíochtaí ag an duine beo, níl tada aige nuair a fhaigheann sé bás, níl fiú is cuimhne air.

    Tagann fearg ar an bhfile leis na daoine a cheapann go bhfuil siad tábhachtach. Taispeánann sé a fhearg leis an ordú a thugann sé (véarsa 6). Tugann sé ordú an corp a thógaint as a radharc agus é a chur san uaigh. Tuigeann sé nach bhfuil sa saol seo ach tréimhse bhrónach a shleamhnaíonn isteach san uaigh. Níl tábhacht ar bith ag baint leis. Tugann sé 'an rud' ar an gcorpán mar níl aon mhaitheas leis; níl aon áit aige i measc na mbeo. Níl ach áit amháin dó — an uaigh.

Is dán éadóchasach é an dán seo. Is í an uaigh an deireadh atá i ndán do gach duine. Níl tagairt ag an bhfile d'aon smaoineamh dóchasach nó d'aon chreideamh. Ní deir sé aon rud faoi chuimhne na marbh, faoi phaidreacha ar son na marbh nó faoi na rudaí maithe a rinne na mairbh i rith a saoil. Ní fheiceann an file ach an taobh dorcha de shaol an duine. Tá an bás agus an uaigh chomh cinnte sin nach féidir leis aon dóchas nó sonas a fheiceáil i saol an duine.

Sa véarsa deireanach tugann sé breith ar an mbeatha: níl inti ach séadán nó gaoth lag. Leis an meafar seo tuigimid ón bhfile go bhfuil beatha an duine lag, neamhchinnte, gan fuinneamh, gan tábhacht agus tá ár gcuid tuairimí mar an gcéanna.

- *Príomh-íomhánna an dáin*

Chomh nocht le n'fheadar: Chomh bocht le luich:	Dhá shamhail (*similes*) chun a chur in iúl nach bhfuil aon rud ar an domhan chomh bocht le duine marbh.
ar dhroim nach leis: Ag rince poirt: puth:	• ag duine nár cheannaigh iad • go háthasach • rud gan fuinneamh, rud nach maireann (*does not last*)

- *Príomh-mhothúcháin an dáin*

1. Gruaim / *Despondency*: Tá dearcadh dubh dorcha ag an bhfile ar bheatha an duine.
2. Éadóchas: Níl aon rud maith le rá ag an bhfile faoi bheatha an duine. Níl aon bhrí le saol an duine. Níl sa bheatha ach séadán.
3. Fearg: Tá fearg ar an bhfile mar cheap an duine marbh go raibh sé tábhachtach i rith a shaoil.
4. Gráin
Fuath: Tá gráin nó fuath ag an bhfile don duine marbh mar tugann sé 'rud' air.

CEISTEANNA

1. Cé chum an dán seo? Scríobh nóta faoi.
2. (a) Déan liosta de na ceisteanna a chuireann an file ar an gcorpán.
   (b) Tabhair freagra an fhile ar gach ceann acu.
3. Mínigh go cruinn:
   'Le fear dá mhalairt
   Ag rince poirt!'
4. I do thuairim, cén sórt saoil a bhí ag an duine marbh nuair a bhí sé beo?
5. Conas a chuireann an file a fhearg in iúl?
6. Cén fáth go dtugann an file 'an rud' ar an gcorpán i líne 22?
7. Tugann an file a thuairim féin faoi bheatha an duine. Céard í?
8. Cad é an mothúchán is láidre sa dán seo?
9. Cad é teagasc nó dearcadh an dáin seo?
10. Pioc amach dhá mheafar agus mínigh iad.
11. Cén úsáid a bhaintear as codarsnacht sa dán seo?

8. NÍL AON NÍ

CATHAL Ó SEARCAIGH

Níl aon ní, aon ní, a stór,
níos suaimhní ná clapsholas smólaigh
i gCaiseal na gCorr,

ná radharc níos aoibhne
ná buicéad stáin na spéire ag sileadh
solais ar Inis Bó Finne,

is dá dtiocfá liom, a ghrá,
bheadh briathra ag bláthú ar ghas mo ghutha
mar shiolastrach Ghleann an Átha,

Is chluinfeá geantraí sí
i gclingireacht na gcloigíní gorma
i gcoillidh Fheanna Bhuí.

Ach b'fhearr leatsa i bhfad
brúchtbhaile balscóideach i mBaile Átha Cliath
lena ghleo tráchta gan stad,

seachas ciúinchónaí sléibhe
mar a gciúnaíonn an ceo le teacht na hoíche
anuas ó Mhín na Craoibhe

LEAGAN PRÓIS

Níl aon rud ar bith, a ghrá,
níos aoibhne ná céirseach (éan) ag canadh ag deireadh an lae
   i gCaiseal na gCorr,

   ná (níl aon rud ar bith, a ghrá,) níos áille le feiceáil
ná solas ag taitneamh trí spéir liath
   anuas ar Inis Bó Finne,

   is dá dtiocfá liom, a ghrá,
bheadh focail cheolmhaire ó mo bhéal
   cosúil le feileastraim (bláthanna) Ghleann an Átha,

   agus (dá dtiocfá liom, a ghrá,) chloisfeá ceol bog taitneamhach
sa bhfuaim a dhéanann na cloigíní gorma (bláthanna)
   i gcoillte Fheanna Bhuí.

Ach b'fhearr leatsa i bhfad
baile deataigh gránna i mBaile Átha Cliath
   le glór a fheithiclí le cloisteáil i gcónaí,

   (b'fhearr leatsa é sin) in ionad cónaí síochánta sléibhe
áit a dtiteann brat ciúnais le teacht na hoíche
   anuas ó Mhín na Craoibhe.

- *Gluais*

ní = rud
a stór = a ghrá
níos suaimhní = níos aoibhne, *more pleasant*
clapsholas = deireadh an lae, *twilight*
smólach = céirseach, *thrush*

radharc = *sight, view*
ag sileadh = ag doirteadh, *spilling*

briathra = focail
ag bláthú = *blossoming*
gas mo ghutha = mo ghlór
　　　　gas = *stem*
　　　　guth = *voice*
siolastrach = feileastram, *wild iris*

chluinfeá = chloisfeá
geantraí = ceol bog suaimhneach
sí = *enchanting*
clingireacht = *tinkling*
cloigíní gorma = *blue-bells*
i gcoillidh = i gcoillte, *in the woods*

brúchtbhaile balscóideach = baile gránna
gleo = glór
trácht = gluaisteáin, feithicilí, *traffic*
seachas = in ionad, *rather than*
ciúinchónaí = baile ciúin
ciúnaíonn = *makes peaceful or quiet*
ceo = *mist, fog*

● *An file*

Rugadh Cathal Ó Searcaigh i 1956 i Dún na nGall. Is feirmeoir caorach é ina chondae dúchais. D'fhoilsigh sé cnuasach filíochta, *Súile Shuibhne*, i 1983.

MÍNIÚ

Tá an file ag caint lena ghrá faoi a áit dhúchais féin i nDún na nGall. Molann sé áilleacht na háite agus tugann sé cuntas ar a tionchar (*influence*) air.

Tá sé lán cinnte nach bhfuil aon rud ar an domhan seo níos síochánta ná na héin (na smólaigh, na céirsigh) ag canadh ag deireadh an lae i gCaiseal na gCorr. Níl dabht ar bith aige nach bhfuil radharc níos áille le feiceáil ná an ghrian ag taitneamh trí spéir liath os cionn Inis Bó Finne.

Tá tionchar mór ag áilleacht na háite ar an bhfile. Téann an áilleacht i bhfeidhm air. Deir sé lena ghrá go gcloisfeadh sí focail bhinne deasa uaidh dá dtiocfadh sí leis go dtí a áit dhúchais féin i nDún na nGall.

Úsáideann sé bláthanna mar shamhail chun an t-athrú a thiocfadh air ina áit féin a chur in iúl. Bheadh a ghuth cosúil le bláthanna (na siolastraigh) ag fás i nGleann an Átha, i.e. labhródh sé go deas ceolmhar. Cheapfadh a ghrá, nuair a bheadh sé ag caint léi ina áit dhúchais féin, go mbeadh sí ag éisteacht leis an bhfuaim sí mistéireach a chloiseann duine ó na bláthanna (na cloigíní gorma) i gcoillte Bheanna Bhuí. Tá paradacsa anseo mar ní féidir bláthanna a chloisteáil. Ach mar sin féin cuireann meafar na mbláth áilleacht na háite in iúl; mothaímid an t-áthas (sonas, síocháin) a chuirfeadh sí ar chailín an fhile dá rachadh sí ann.

Ach tuigeann an file nach bhfuil a ghrá ar aon intinn leis. Tá codarsnacht idir na rudaí a thaitníonn leis an bhfile agus na rudaí a thaitníonn lena a ghrá. B'fhearr léi teach glórach i mBaile Átha Cliath ná teach síochánta i nDún na nGall. B'fhearr léi fuaimeanna nó fothrom Bhaile Átha Cliath le gleo na ngluaisteán ná an ciúnas ag titim go síochánta ó Mhín na Craoibhe.

Is féidir atmaisféir ciúin a fháil ó na fuaimeanna a úsáideann an file ina chuntas ar a áit féin. I línte 2, 5 agus 6 cuireann an fhuaim bhog **'s'** síocháin agus aoibhneas in iúl:

'**níos** **s**uaimhní ná clap**s**hola**s s**mólaigh';
'buicéad **s**táin na **s**péire ag **s**ileadh';
'**s**olai**s** ar Ini**s** Bó Finne'.

I líne 11 briseann na consain **'gcl'**, **'g'**, **'gcl'**, **'g'** rithim na líne agus cuireann siad bualadh cloigíní beaga in iúl:

'i **gcl**in**g**ireacht na **gcl**oi**g**íní **g**orma'.

Déanann sé comparáid freisin le fuaimeanna idir Baile Átha Cliath agus a áit féin. Is féidir fuaimeanna garbha na cathrach a chloisteáil sna fuaimeanna **'ch'**, **'sc'** agus **'ch'**: 'brú**ch**tbhaile', 'bal**sc**óideach' agus 'trá**ch**ta'. Ach sa véarsa deireanach is féidir síocháin agus ciúnas a chloisteáil sna guthaí fada: 'c**iú**inch**ó**naí', 'c**iú**naíonn' agus 'c**eo**'.

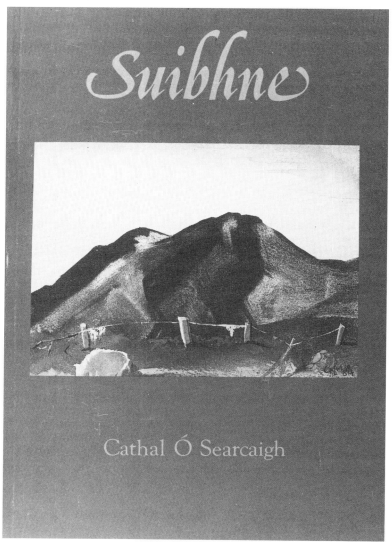

- **Príomh-íomhánna an dáin**

clapsholas smólaigh:
buicéad stáin na spéire:
briathra ag bláthú ar ghas mo gutha:

- ceol na n-éan ag deireadh an lae
- dath liath na spéire
- caint bhinn, ghrámhar, cheolmhar

geantraí sí:
i gclingireacht na gcloigíní gorma:

fuaim nó ceol deas;
cuireann sé sonas nó áthas in iúl

mar a gciúnaíonn an ceo:

- Tagann síocháin leis an gceo.

- **Príomh-mhothúcháin an dáin**

Grá: Tá grá ag an údar:
(a) don nádúr
(b) don tsíocháin
(c) dá áit dhúchais — Dún na nGall.
Tá grá ag cailín an fhile dá háit dhúchais — Baile Átha Cliath.

CEISTEANNA

1. Cén fáth go molann an file Caiseal na gCorr?
2. Cén radharc atá le feiceáil in Inis Bó Finne?
3. Cad a chloisfeadh a ghrá ón bhfile dá rachadh sí leis?
4. Cén úsáid a bhaintear as codarsnacht sa dán seo?
5. Cén fáth, dar leis an bhfile, nach mbeadh a ghrá sásta sna háiteanna a mholann sé?
6. Cén pictiúr a thugann an file dúinn de Bhaile Átha Cliath?
7. Cad a tharlaíonn i Mín na Craoibhe ag deireadh an lae?
8. I do thuairim, cén sórt duine é an file?
9. Cén úsáid a bhaineann an file as bláthanna sa dán seo?
10. An bhfuil aon tábhacht faoi leith ag baint le fuaim na bhfocal sa dán seo?
11. Cén sórt cailín í grá an fhile?

9. DIA

(i gcuimhne ar na daoine a maraíodh sa Tuaisceart)

MICHEÁL Ó CONGHAILE

D'iompaigh an seanfhear aosta
A cheann mín maol
Gur stán ar na clocha glasa liatha
A bhí ina smionagar scaipthe scaoilte
Stróicthe ina thimpeall.

Thit scáile dúdúr dorcha ar a smaointe,
Anseo sciob an saol uaidh
A aonmhac álainn uasumhal.

Bacach de bhuama pléascach!

Phléasc tocht goirt ina sheanscórnach
An mac úd Liam
Liam dílis
An t-aon solas a bhronn sólás
Mac a bhí spraoíúl, grámhar
Mac a bhí áthasach síochánta
Mac nár chlis ariamh ina shaol air
Mac anois a dtabharfadh sé a mhaoin air.

Ansin spréigh a dhílsmaointe
Go dtí na céadta dea-dhaoine
A chaill mac, iníon nó gaol leo
I luíochán . . .

Is d'iarr ar Dhia é a shaoradh
Ón bpian gan leigheas gan faoiseamh
A dhubhaigh a lá mar oíche
Is aríst d'iarr ar Dhia é a shaoradh.

LEAGAN PRÓIS

Chas an seanfhear críonna
a cheann gan ghruaig
gur fhéach sé ar na clocha glasa liatha
a bhí ina smidiríní briste i ngach áit
caite thart timpeall air.

Tháinig dorchacht dhubh ar a smaointe.
San áit seo maraíodh
a aonmhac álainn deas cineálta.

Pléascán uafásach a rinne é.

D'éirigh brón searbh go tapaidh ina sheanscornach:
an mac darbh ainm Liam —
Liam, a mhac deas féin —
an t-aon rud maith (a bhí aige) a chuir áthas air;
mac a bhí spórtiúil, cairdiúil,
mac a bhí meidhreach, síochánta,
mac nár chuir díomá air riamh.
Anois thabharfadh sé gach pingin atá aige chun é a fháil ar ais
    ón mbás

Thosaigh sé ag smaoineamh
ar na céadta daoine maithe
a chaill mac, iníon nó gaol
in ionsaí le pléascáin nó piléir.

D'impigh sé ar Dhia é a shábháil
ar bhrón gan sos gan chríoch
a rinne oíche dá lá.
D'impigh sé ar Dhia é a shábháil.

- *Gluais*

D'iompaigh = chas, *turned*
mín = *smooth*
maol = gan ghruaig, *bald*
stán = d'fhéach, *stare*
smionagar = smidiríní, *shattered pieces*
scaipthe = *scattered*
scaoilte = caite timpeall, *scattered*
stróicthe = *torn*

scáile = scáth, *shadow*
dúdúr = (brón) uafásach, *horrific*
sciob = thóg go tapaidh, *snatched*
uasumhal = an-deas, an-chneasta, *very generous or very noble*

bacach = *imperfect, defective*
buama = *bomb*
pléascach = *explosive*

Phléasc = *erupted, (exploded)*
tocht = mothú doimhin, *deep emotion*
goirt = searbh, géar, *bitter*
a bhronn = a thug
spraoíúil = spórtúil
grámhar = cairdiúil, *amiable*
síochánta = *peaceful*
nár chlis riamh ... air = *who never failed him*
maoin = saibhreas, airgead, *wealth*

spréigh = leathnaigh, *spread, extended*
dílsmaointe = dea-smaointe
dea-dhaoine = daoine maithe
iníon = *daughter*
gaol = *relative*
luíochán = ionsaí foréigneach, *ambush*

d'iarr = d'impigh, *asked, entreated*
é a shaoradh = é a scaoileadh, *to release him*
leigheas = *cure*
faoiseamh = sos, *relief*
dhubhaigh = *darkened*

- *An file*

Rugadh Micheál Ó Conghaile i gConamara i 1962. D'fhoilsigh sé *Mac an tSagairt* (gearrscéalta), *Comhrá Caillí* (filíocht) agus leabhar staire, *Conamara agus Árainn 1880-1980*.

MÍNIÚ

Féachann an seanfhear maol ar na clocha glasa liatha atá briste ina smidiríní gach áit timpeall air. Tagann brón dorcha air mar mharaigh pléascán Liam, an t-aonmhac a bhí aige, san áit seo.
Tá sé brónach nuair a smaoiníonn sé ar a mhac.

Cén sórt duine ba ea Liam?
1. Ba dhuine spórtúil, cairdiúil é.
2. Bhí grá aige dá athair.
3. Bhí grá aige don tsíocháin.

Cén sórt gaoil a bhí idir Liam agus a athair?
1. Ní raibh aon sólás eile ag an seanfhear ach a aonmhac Liam.
2. Chuir Liam áthas air.
3. Bhí grá acu dá chéile.
4. Níor chuir Liam díomá air riamh.

Thabharfadh an seanfhear gach rud atá aige chun a mhac a ghlaoch ar ais ón mbás.
Ní dhíríonn sé (*he does not direct*) a smaointe ar a bhrón féin ná ar a mhac féin. Leathnaíonn (*spreads*) a smaointe amach agus

smaoiníonn sé ar dhaoine eile. Tá trua aige do na daoine maithe eile a chaill mac nó iníon nó gaol in aon ócáid foiréigneach (*violent*), i.e. na daoine a maraíodh sa Tuaisceart le pléascáin nó piléir. Cé go mothaíonn sé trua do na daoine seo, ní laghdaíonn sé a bhrón féin. Ní fhaigheann sé aon shuaimhneas nó síocháin ag smaoineamh ar na daoine atá brónach cosúil leis féin.
Tuigeann sé go bhfuil saol brónach i ndán dó anois. Beidh brón agus uaigneas air i ndiaidh a mhic. Ní bheidh sólás aige choíche. Mothóidh sé pian an bhróin ina chroí go lá a bháis. Le bás a mhic agus leis an mbrón agus leis an uaigneas a mhothaíonn sé, tagann athrú mór ar a shaol:
'dhubhaigh a lá mar oíche'.
Is meafar é an líne seo a chuireann athrú mór in iúl ón maith go dtí an t-olc nó ón sólás go dtí an dólás nó an t-éadóchas.
Tuigeann an seanfhear go bhfuil sé i gcruachás mór. Iarrann sé cabhair ar Dhia dhá uair:

'Is d'iarr ar Dhia é a shaoradh . . .

Is aríst d'iarr ar Dhia é a shaoradh.'

Tuigeann sé nach bhfuil leigheas ar a phian, ar a bhrón nó ar a uaigneas. Ní bheidh deireadh leo choíche. Beidh siad leis i gcónaí. Níl sólás nó cabhair le fáil ar an saol seo. Níl siad le fáil ach ó Dhia. Cé go bhfuil gach rud caillte, tá muinín (*confidence*) aige as Dia.

Úsáideann an file fuaimeanna chun an chodarsnacht idir saol cneasta Liam agus uafás a bháis a léiriú. Sa líne:
'A aonmhac **álainn uasumhal**'
cuireann na gutaí leathana boga fada '**á**', '**ua**' '**umhal**' duine cneasta síochánta in iúl. Ach sa líne:
'Ba**ch** de bhuama pléa**sch**!'
tugann na consain '**c**', '**ch**', '**sc**', '**ch**' fuaim gharbh bhriste don líne agus cuireann siad béim ar uafás an bháis foiréignigh. Úsáideann an file na consain chéanna chun brón géar an athar a chur in iúl:
'Phléa**sc** to**ch**t goirt ina shean**sc**órna**ch**'.

● *Príomh-íomhánna an dáin*

scáile dúdur dorcha:
sciob an saol uaidh:
A dhubhaigh a lá mar oíche:

- brón mór
- maraíodh (a mhac)
- a thóg dóchas, (áthas, sólás, sonas) uaidh agus a chuir brón in a áit

- **Príomh-mhothúcháin an dáin**

    1. Brón: Tá brón air mar maríodh a aonmhac.
    2. Éadóchas: Titeann sé in éadóchas nuair a thuigeann sé nach bhfuil leigheas ar a bhrón sa saol seo.
    3. Trua: Tá trua aige do na daoine eile a chaill mac, iníon nó cara sa Tuaisceart.
    4. Uaigneas: Tá uaigneas air mar ní fheicfidh sé a aonmhac arís.

CEISTEANNA

1. Cén fáth 'Gur stán' an seanfhear?
2. Cad a chonaic an seanfhear nuair a d'iompaigh sé a cheann?
3. Cén fáth gur
     'Thit scáile dúdúr dorcha ar a smaointe'?
4. Cén sórt duine ba ea Liam?
5. Cén sórt gaoil a bhí idir an seanfhear agus a mhac, Liam?
6. Cén fáth go bhfuil uaigneas ar an seanfhear?
7. Cé hiad na daoine a bhfuil trua ag an seanfhear dóibh?
8. Conas a chuirtear in iúl grá an athar dá mhac?
9. Cén sórt duine é an seanfhear, i do thuairim?
10. Cá bhfuil codarsnacht le fáil sa dán seo?
11. Pioc amach dhá mheafar sa dán agus mínigh iad.
12. Cén fáth gur scríobh an file an líne seo a leanas dhá uair:
     'Is d'iarr ar Dhia é a shaoradh'?
13. Mínigh an líne:
     'A dhubhaigh a lá mar oíche'.
14. Cad iad príomh-mhothúcháin an dáin seo?
15. Cad a chuireann fuaimeanna an líne seo in iúl:
     'A aonmhach álainn uasumhal'?
16. Cén fáth, i do thuairim, gur thug an file 'Dia' ar an dán seo?

10. ATHAIR

NUALA NÍ DHOMHNAILL

N'fheadar fós
an ar maidin
nó an tráthnóna
a chonac ann é
ina sheasamh
leis an ngeata
is hata mór dubh
ar a cheann
an raibh
aimsir an dúluachair
ag teacht
nó ag imeacht uainn
nó an cuimhin liom
i ndáiríre é
is nach taibhreamh
a d'fhan i m' cheann
ach pé rud eile de
bhí sé fuar fuar fuar fuar
bhí scáilí fada dorcha
is grian mhí-lítheach bhán
agus is ag imeacht
a bhí sé sin
mar ina dhiaidh sin
ní raibh sé ann
is bhí mé a dó
nuair a tharla seo
nó a trí
ar an gcuid is mó
is níl a fhios agam
ach gur cuimhin liom
m'athair ag fágaint baile
maidin i mí Feabhra
nó tráthnóna sa bhfómhar.

LEAGAN PRÓIS

Níl a fhios agam fós
an ar maidin
nó sa tráthnóna
a chonaic mé é ansin
ina sheasamh
in aice leis an ngeata
agus hata mór dubh
ar a cheann;
(níl a fhios agam fós) an raibh
aimsir lár an gheimhridh
ag teacht (chugainn)
nó an raibh sé ag imeacht uainn,
(nó níl a fhios agam fós) an gcuimhin liom
go fírinneach é (m'athair ag imeacht)
nó an bhfaca mé é (m'athair ag imeacht) i mbrionglóid
agus gur fhan an bhrionglóid i mo chuimhne;
ach tá mé cinnte de rud amháin —
bhí sé fuar agus an-fhuar;
bhí scátha fada dorcha ann
agus bhí cuma tinnis ar an ngrian
agus (tá mé cinnte) gur ag imeacht
a bhí m'athair
mar, ina dhiaidh sin,
ní raibh sé ann;
bhí mé dhá bhliain d'aois
nuair a thit sé seo amach,
nó bhí mé trí bliana d'aois,
ach ní raibh mé níos mó (ná a trí) —
ach níl mé cinnte faoi seo —
ach is cuimhin liom
m'athair ag imeacht ó bhaile:
maidin i mí Fheabhra a bhí ann
nó (b'fhéidir gur imigh sé) tráthnóna sa bhfómhar.

● *Gluais*

N'fheadar fós = níl a fhios agam go fóill, *I don't know yet whether* . . .
a chonac = a chonaic (mé)
dúluachair = lár an gheimhridh
i ndáiríre = go fírinneach
taibhreamh = brionglóid, *dream*
scáilí = scátha, *shadows*
mhí-lítheach = dath bán nó liath, *sickly looking*

● *An file*

Rugadh Nuala Ní Dhomhnaill i Lancashire, Sasana, i 1952. Tógadh í i nGaeltacht Chiarraí. Tá cónaí uirthi i mBaile Átha Cliath anois. D'foilsigh sí dhá chnuasach filíochta, *An Dealg Droighin* (1981) agus *Féar Suaithinseach* (1984).

MÍNIÚ

Tá an file ag iarraidh cur síos a dhéanamh ar a hathair 'ag fágaint baile'. Scríobhann sí le meon linbh. Faighimid cuntas ar an ócáid a d'imigh a hathair trí shúile linbh. Níl ann ach sraith (*series*) de cheisteanna le freagraí neamhchruinne (*unclear*) ó intinn scaipthe. Níl ach lán stad amháin sa dán ag an deireadh. Cé go bhfuil a lán ceisteanna sa dán, níl aon chomhartha ceiste (*question mark*) ann. Leis an struchtúr neamhchruinn seo cuireann an file in iúl go han-soiléir go raibh sí trína chéile nuair a d'imigh a hathair. Ní féidir léi a smaointe a léiriú i gceart. Ach mar sin féin níl dabht ar bith faoi rud amháin — d'imigh a hathair agus tá brón uirthi dá bharr.

Línte 1-8:	Níl sí cinnte cén chuid den lá a bhí ann — an mhaidin nó an tráthnóna. Ach tá sí cinnte go raibh a hathair taobh amuigh den teach ina sheasamh in aice leis an ngeata agus go raibh hata mór dubh ar a cheann.
Línte 9-12:	Níl a fhios aici an raibh lár an gheimhridh tagtha nó imithe nuair a d'fhág a hathair.
Línte 12-16:	Níl sí cinnte anois an bhfaca sí a hathair ag imeacht le súile a chinn. B'fhéidir go bhfaca sí é ag imeacht i mbrionglóid, gur fhan cuimhne na brionglóide léi agus gur ghlac sí léi mar an fhírinne. Ach mar sin féin, tá sé imithe. Tá sí lán chinnte gur fhág sé í.
Línte 17-24:	Tá sí cinnte go raibh sé fuar, an-fhuar ar fad, nuair a d'fhág sé. Bhí scáilí móra dorcha sa spéir agus bhí dath bán agus liath ar an ngrian ag an am sin. Cruthaíonn na focail seo atmaisféar éadóchasach agus cuireann siad brón an linbh in iúl.

Línte 25-33: Tá sí trína chéile arís mar níl a fhios aici an raibh sí a dó nó a trí bliana d'aois nuair a d'imigh sé. Ach mar sin féin, tá sí soiléir faoi rud amháin —
'm'athair ag fágaint baile'.
Tá a hintinn scaipthe buartha ag deireadh an dáin nuair a deir sí nach bhfuil a fhios aici ar imigh sé —
'maidin i mí Feabhra
nó tráthnóna sa bhfómhar.'

Úsáideann sí an aimsir chun atmaisféar brónach éadóchasach a chruthú. Bhí sé fuar, an-fhuar ar fad. Bhí scamaill dhorcha sa spéir agus bhí dath liath ar an ngrian.

Tá sí cinnte:
1. Go bhfuil a hathair imithe
2. Go raibh a hathair ag an ngeata agus hata dubh air
3. Go raibh an aimsir fuar
4. Go raibh scáilí fada dorcha agus grian liathbhán ann
5. Gur chuimhin léi a hathair ag fágaint baile.

Níl sí cinnte:
1. An mhaidin nó an tráthnóna a bhí ann
2. An raibh lár an gheimhridh ag teacht nó ag imeacht
3. An bhfaca sí é ag imeacht i ndáiríre nó an bhfaca sí é ag imeacht i mbrionglóid
4. An raibh sí a dó nó a trí bliana d'aois
5. An maidin i mí Fheabhra nó tráthnóna sa bhfómhar a bhí ann.

- *Príomh-íomhánna an dáin*

an ar maidin nó an tráthnóna an raibh aimsir an dúluachair ag teacht nó ag imeacht an chuimhin liom i ndáiríre é is nach taibhreamh is bhí mé a dó nuair a tharla seo nó a trí ar an gcuid is mó Maidin i mí Feabhra nó tráthnóna sa bhfómhar	Tá an file trína chéile. Níl sí soiléir ina hintinn féin. Ní chuimhníonn sí i gceart. Tá a hintinn scaipthe.

aimsir an dúluachair: bhí sé fuar fuar fuar fuar: scáilí fada dorcha: grian mhí-lítheach bhán:	brón éadóchas uaigneas

- *Príomh-mhothúcháin an dáin*

1. Brón 2. Éadóchas 3. Uaigneas	Tá brón, éadóchas agus uaigneas uirthi mar d'imigh a hathair.

CEISTEANNA

1. Cén sórt duine a scríobh an dán seo?
2. Cén pictiúr atá ag an bhfile dá hathair?
3. Cad é an mothúchán is láidre sa dán seo? Conas a léirítear é?
4. Conas a chuireann an file in iúl go bhfuil sí trína chéile faoi rudaí áirithe?
5. Scríobh nóta faoi struchtúr an dáin.
6. An cur síos maith é an dán seo ar intinn linbh? Cuir fáth le do thuairim.
7. Cén tábhacht atá ag baint leis an aimsir sa dán seo?

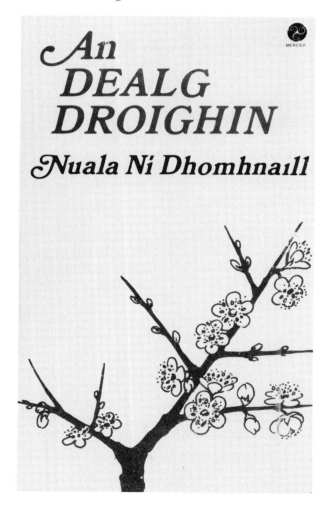

FREAGRAÍ SAMPLACHA

- *Toighe Chorr an Cait*

Conas a chuireann an file in iúl nach n-athróidh muintir Chorr an Chait a mbéasa choíche?

Dá bhfaighidís ór agus fíon agus gach rud ar an domhan agus gach rud faoi thalamh an domhain, ní dhéanfadh sé aon difríocht dóibh. Ní thiocfadh aon athrú orthu. Ní bheadh aon bhaint acu le daoine eile.

- *Máirín de Barra*

Conas a chuirtear in iúl go bhfuil an file i ngrá leis an gcailín?

Ní féidir leis smaoineamh ar aon rud ach ar a chailín. Tá pian ina chroí leis an ngrá di. Rinne sé iarracht í a mhealladh (nó a fháil) le focail, póga, agus le móideanna. Tá éad air leis an dtalamh ar a siúlann sí agus leis an leaba ar a luíonn sí. Tá éad air go speisialta leis an bhfear a phósfaidh sí. Rachadh sé aon áit léi gan airgead. Ní bheadh deireadh lena ghrá di. Shábhálfadh sí é ón mbás dá bpósfadh sí é.

- *Seoda*

Cén fáth go dtugann an file seoda ar na rudaí a luann sé sna línte:

> *Saol an chipín ag dul le sruth*
> *Saol an néill le éagrothaigh,*
> *Saol an bhíoga ar ghnúis ainnire,*
> *Saol an mhaide gréine um nóin*
> *Saol an chubhair ar dhroim easa:*

Tá míniú nó luach speisialta acu dó. Cuireann siad áilleacht in iúl dó nó feiceann sé nó mothaíonn sé an áilleacht i ngach ceann acu. Is rudaí áille iad. Cuireann siad fíor áthas ar spiorad nó ar anam an fhile.

• *Ranna*

Cad a dhéanfaidh an banfhile as seo amach? Cén fáth go ndéanfaidh sí an rud seo?

Déanfaidh sí na rudaí atá ag teastáil ón slua. Cuirfidh sí 'caidhp na gcloigíní' uirthi féin. Beidh sí gléasta in éadaí na hóinsí. Beidh béasa an duine ghrinn aici. Cuirfidh sí an slua ag gáire. Déanfaidh sí é seo toisc nach bhfuil suim ag na foilsitheoirí ina cuid filíochta faoin áilleacht.

• *M'uncail*

Ar thuig a uncail meon buachalla óig? Mínigh do fhreagra.

Bhí tuiscint mhaith aige ar mheon buachalla óig. Níor chuir sé isteach ar an bhfile le rudaí nach mbeadh suim aige ionta. Chaith sé am leis. Bhí suim aige i saol an bhuachalla. Mhothódh an buachaill go raibh sé féin tábhachtach. Rinne a uncail rudaí suimiúla leis. Mhúin sé cleasa beaga dó. Thuig sé na rudaí a mbeadh suim ag buachaill beag ionta.

• *Oíche Nollaig na mBan*

Mínigh na línte:

> *Gur múchadh mo choinneal mar bhuille ar mo bhéal*
> *a las 'na splanc obann an fhearg.*

Is meafar nó siombail é an coinneall don dóchas. Bhí dóchas ag an bhfile mar bhí a choinneall ar lasadh. Ach mhúch an stoirm, i.e. imeachtaí an tsaoil, an dóchas seo. Mar sin tháinig fearg air go tobann.

• *Tuairimí*

Mínigh na línte:

> *Le fear dá mhalairt*
> *ag rince poirt!*

Déanann bean an chorpáin dearmad glan air. Níl brón uirthi. Tá áthas uirthi mar tá sí ag rince. Níl an fear atá aici anois cosúil leis an bhfear marbh. Is cosúil nach raibh sí sásta leis nuair a bhí sé beo.

- *Dia*

Cén fáth gur scríobh an file an líne seo leanas dhá uair?

'Is d'iarr ar Dhia é a shaoradh'.

Nuair a scríobhann sé an líne seo dhá uair, cuireann sé béim ar a bhrón (dólás, uaigneas). Tá a aonmhac marbh. Tá a bhrón mar phian 'gan leigheas gan faoiseamh'. Tá gach lá cosúil leis an oíche toisc go bfhuil sé chomh brónach sin. Tuigeann sé nach féidir le haon duine cabhrú leis. Níl leigheas, sólás, suaimhneas, faoiseamh nó síocháin le fáil sa saol seo. Is é Dia an t-aon sólás atá aige. Iarrann sé Air dhá uair cabhrú leis.

- *Níl aon ní*

I do thuairim, cén sórt duine é an file?

Tá grá aige don nádúr agus dá áit dhúchais féin i nDún na nGall. Baineann sé taitneamh as na radharcanna ann. Is maith leis síocháin agus suaimhneas na tuaithe. Cuireann a áit dhúchais áthas air. Bíonn 'briathra ag bláthú' ar a theanga ann.

- *Athair*

Cén tábhacht atá ag baint leis an aimsir sa dán seo?

'Aimsir an dúluachair' nó aimsir lár an gheimhridh a bhí ann. Mar sin bhí sé fuar; b'fhéidir go raibh sioc agus sneachta ann. Deir sí go raibh sé 'fuar fuar fuar fuar' agus go raibh 'scáile fada dorcha' ann. B'fhéidir go raibh an bháisteach ag teacht. Ní raibh an ghrian ag taitneamh mar bhí si bán nó liath. Go ginearálta ní raibh an aimsir deas. Cuireann an droch aimsir seo brón in iúl. Usáideann sí an aimsir chun atmaisféar brónach éadóchasach a chruthú.

FREAGRAÍ AR CHEISTEANNA ARDTEISTIMÉARACHTA

● *Máirín de Barra (1984)*

(i) <u>Mínigh go cruinn, i d'fhocail féin, na línte a bhfuil cló iodálach orthu sa dán thíos: (línte 1 agus 2; 11 agus 12; 19 agus 20; 23 agus 24)</u>

A Mháirín de Barra, do mhairbh tú m'intinn
is d'fhág tú beo dealamh mé gan fhios dom mhuintir . . .

Freagra
A Mháirín de Barra, chuir tú deireadh le cumhacht m'intinn. Toisc gur imigh tú uaim, tá mé beo ach brónach agus folamh, agus níl a fhios ag mo mhuintir go bhfuil mé mar sin.

. . . do shíl mé tú a mhealladh ar bhreacadh na heornan,
ach d'fhág tú dubhach dealamh ar theacht don mbliain nó mé.

Freagra
Cheap mé go n-éireodh liom thú a fháil nuair a bhí dath buí ar an eorna sa bhfómhar, ach d'imigh tú agus bhí mé brónach agus folamh nuair a tháinig an bhliain nua.

do thug mo chroí grá dhuit go brách brách ná tréigfidh
's go dtógfá ón mbás mé ach a rá gur leat féin mé.

Freagra
Thug mé grá duit ó mo chroí agus beidh mé i ngrá leat go deo. Dá mbeinn ag fáil bháis agus dá ndéarfá go bpósfá mé, mhairfinn (*I would live*).

gaibh leis an óigfhear 'na nglaonn siad Ó Floinn air —
pós é de ghrá réitigh, ós é 's toil led mhuintir.

Freagra
Imigh leat leis an bhfear óg darb ainm Ó Floinn. Pós é chun an ceist seo a shocrú agus beidh do chlann sásta le sin.

(ii) Mínigh na focail seo a leanas: *teampall; druid; spré; aimhleas.*

Freagra
teampall: Anseo ciallaíonn sé Teach Dé a thóg Solamh in Iarúsaileim fadó. Ciallíonn sé séipéal freisin.
druid: éan ceoil
spré: airgead nó saibhreas nó ba a thugann athair don fhear a phósann a iníon
aimhleas: dochar, díobháil, bóthar an oilc.

(iii) Cén cineál duine é an file, dar leat? Cén fáth atá le do thuairim?

Freagra
Ní féidir leis aon rud a dhéanamh toisc go bhfuil sé i ngrá. Tá sé tinn leis an ngrá. Tá sé as a mheabhair leis an ngrá. Níl fuinneamh ann de bharr an ghrá:

'A Mháirín de Barra, do mhairbh tú m'intinn is
d'fhág tú beo dealamh mé . . .'

Cheap sé go n-éireodh leis a ghrá a fháil:

'Do shíl mé tú a mhealladh le briathra is le póga,
do shíl mé tú a mhealladh le leabhartha 's le móide. . . .'

Dhéanfadh sé aon rud chun a ghrá a fháil:

'Do shiúlóinn 's do shiúlóinn 's do shiúlóinn an saol leat,
do rachainn tar sáile gan dá phingin spré leat'.

Déanann sé iarracht cabhrú léi:

'A Mháirín, glac mo chomhairle 's ná seoltar tú ar t'aimhleas.'

(iv) Cén difríocht atá idir an véarsa deireanach agus an chuid eile den dán? An gcuireann an véarsa deireanach le héifeacht an dáin, dar leat? Cén fáth atá le do thuairim?

Freagra
Sa véarsa deireanach níl sé ag caint faoi a bhrón féin. Sa véarsa seo freisin tugann sé comhairle don chailín. Ní thugann sé comhairle di sa chuid eile den dán. Cuireann an comhairle seo le héifeacht an dáin mar ba mhaith leis an bhfile nach ndéanfadh an cailín aon rud a chuirfeadh brón uírthi. Sa tslí seo taispeánann sé a fhíorghrá di.

- *Máirín de Barra (1988)*

(i) Cén cineál dáin é Máirín de Barra? Inis i d'fhocail féin an t-eolas faoi Mháirín de Barra a thugtar sa dán.

Freagra
Is amhrán grá é an dán seo. Is cailín álainn í. Tá sí dathúil. Níor ghlac sí le grá an fhile. Tá dath glas ar a súile. Tá a guth cosúil le ceol na n-éan. Is cosúil go bhfuil suim aici i 'fear séite na hadhairce'. Ba mhaith lena muintir go bpósfadh sí fear darb ainm Ó Floinn.

(ii) Mínigh an chéad véarsa go cruinn i d'fhocail féin.

Freagra
A Mháirín de Bharra, chuir tú deireadh le cumhacht m'intinn. Toisc gur imigh tú uaim, tá mé beo ach brónach agus folamh; níl a fhios ag mo mhuintir go bhfuil mé mar sin. Nuair a bhím ar mo leaba i mo chodladh bím ag cuimhneamh ort agus nuair a éirím ar maidin bím ag cuimhneamh ort, freisin, mar tá mo chroí tinn le grá duit.

(iii) Sa tríú véarsa baineann an file úsáid trí huaire as na focail: 'do shíl mé tú a mhealladh'. An dtaitníonn athrá dá chineál sin leat? Cuir fáth le do fhreagra.

Freagra
Taitníonn an t-athrá liom mar coimeádann nó díríonn sé m'aire ar:

(a) A ghrá don chailín:
'Do thugas 's do thugas 's do thugas óm chroí greann duit'.
(b) A dhóchas go n-éireodh leis í a fháil:
'Do shíl mé tú a mhealladh' (trí huaire).
(c) Áilleacht an chailín:
'Is aoibinn don . . .' (trí huaire)
(d) An dúil atá aige a shaol a chaitheamh leis an gcailín:
'Do shiúlóinn 's do shiúlóinn 's do shiúlóinn an saol leat'.
(e) Cabhraíonn sé le rithim an dáin freisin.

(iv) Inis i d'fhocail féin cad é an chomhairle a chuirtear ar Mháirín de Barra sa véarsa deireanach.

Freagra
Deir an file léi a chomhairle a thógaint agus ansin ní tharlódh aon díobháil di. Deir sé léi fanacht amach ón strainséir a mholann é féin agus dul leis an bhfear óg darb ainm Ó Floinn agus é a phósadh ar son na síochána agus ansin beidh a muintir sásta.

● *M'uncail (1987)*

(i) Cad is téama don dán 'M'uncail', dar leat?

Freagra
Ag socraid a uncail tagann brón ar an bhfile nuair a thuigeann sé gur thaispeáin a uncail a ghrá dó i rudaí beaga nuair a bhí sé ina bhuachaill óg.

(ii) Cad iad na 'leas-ghnóthaí beaga dúthaí' a luaitear sa dán? Cén fáth, dar leat, gur 'leas-ghnóthaí' a thugann an file orthu?

Freagra
Mhúin a uncail dó conas feadóg a dhéanamh. Mhúin sé dó conas breith ar éan le tigín beag adhmaid. Thaispeáin sé dó an áit ar rith an coinín. Mhúin sé dó conas breith ar an gcoinín, ar an eascú agus ar an mbreac.

Tugann an file 'leas-ghnóthaí' orthu mar cheap sé nach raibh siad tábhachtach. Ní raibh iontu ach cleasa beaga, dar leis.

(iii) <u>'Ach bhrúcht siad suas im scornaigh'. Cad atá i gceist ag an bhfile leis an gcaint sin?</u>

Freagra
Smaoiníonn an file ar a uncail. Cuimhníonn sé ar a óige a chaith sé leis. Tuigeann sé go raibh grá ag a uncail dó. Tá brón air mar tá a uncail cineálta marbh anois.

(iv) <u>An maith leat an dán seo? Cuir fáth le do fhreagra.</u>

Freagra
Is maith liom an dán seo. Tá cur síos deas ar an ngaol idir fear agus buachaill beag. Tá cuntas deas ar an saol a bhí acu faoin tuath. Tá tuiscint ar mheon buachalla ann.
Ceapaim go bhfuil na cleasa a mhúin a uncail dó suimiúil.

● *Oíche Nollaig na mBan (1978)*

(i) <u>Cén fáth, an dóigh leat, ar mhaith leis an bhfile go dtiocfadh an stoirm an oíche a mbeadh sé go lag?</u>

Freagra
Ba mhaith leis an bhfile go dtiocfadh an stoirm an oíche a mbeadh sé go lag mar ansin ní chloisfeadh sé an bás ag teacht ina threo agus ní chloisfeadh sé a anam ag fágáil a choirp.

(ii) <u>Cad is brí le línte a trí agus a ceathair den dara véarsa?</u>

Ag filleadh abhaile ó rince an tsaoil
Is solas an pheaca ag dul as

Freagra
Beidh sé críochnaithe le haoibhneas agus le sonas an tsaoil.
Beidh sé críochnaithe le pléisiúr an pheaca.

(iii) Inis a bhfuil ar eolas agat faoin bhfile a chum an dán seo.

Freagra
(Féach nótaí ar an bhfile, leathanach 32)

- *Oíche Nollaig na mBan (1982)*

(i) Cé a chum Oíche Nollaig na mBan? Tabhair gearrchuntas ar shaol an fhile.

Freagra
(Féach nótaí ar bhfile ar leathanach 32)

(ii) (a) Abair DHÁ RUD ar bith a luaitear sa dán a tharla de bharr na stoirme.

Freagra
1. Rinne geataí na gcomharsan fuaim cosúil le scata gé:

   'Gur ghíosc geataí comharsan mar ghogallach gé'

2. Thosaigh an abhainn ag éagaoineadh mar tharbh tinn

   'Gur bhúir abhainn shlaghdánach mar tharbh.'

(b) Céard is dóigh leat atá i gceist ag an bhfile sa dara véarsa?

Freagra
Tá sé ag smaoineamh ar theacht a bháis féin. Tá súil aige go mbeidh pléisiúr éigin aige roimh a bhás. Tá súil aige go gcloisfidh sé fuaimeanna an tsaoil seo ina chluasa nuair a bheidh an bás ag teacht ina threo agus ansin ní chloisfidh sé an bás ag teacht ná a anam ag fágáil a choirp.

(iii) Mínigh iad seo a leanas:

ré, gealt-teach, solas an pheaca

Freagra
ré: gealach, áit i bhfad uainn
gealt-teach: áit nach bhfuil tuiscint cheart ag na daoine; áit le haghaidh daoine as a meabhair — daoine le Dia
solas an pheaca: an pléisiúr a fhaigheann duine ón bpeaca

● *Tuairimí (1981)*

(i) Cen fáth a ndeir an file go bhfuil an marbh 'chomh bocht le luich'?

Freagra
Tá sé 'chomh bocht le luich' mar níl aon rud aige agus níl éadaí air.

(ii) Cén fáth, dar leat, a dtugann sé 'an rud', ar an bhfear marbh?

Freagra
Tugann an file 'an rud' ar an bhfear marbh mar:
(a) Níl sé beo.
(b) Ní féidir leis aon rud a dhéanamh.
(c) Tá fearg ar an bhfile leis an saol a chaith an fear marbh.

(iii) Scríobh go cruinn, I D'FHOCAIL FÉIN, a bhfuil le rá ag an bhfile sa dá véarsa deireanach.

Freagra
Tá coirp cosúil leis an bhfear marbh seo le cur san uaigh. Ullmhaigí sluaistí agus cuirigí na coirp seo sa talamh. Níl tábhacht ná maitheas ag baint leis an mbeatha seo. Tá sí cosúil le gaoth lag. Tá ár smaointe mar an gcéanna –– níl aon mhaitheas ná tábhacht leo.

(iv) 'Duine neamhthrócaireach a scríobh and dán seo'.
Pléigh an tuairim seo agus léirigh a bhfuil le rá agat trí thagairt d'fhocail an fhile féin.

Freagra
Tá sé neamhtrócaireach mar:
(a) Deir sé nach raibh aon mhaitheas le saol an corpáin. Ní raibh a bhean i ngrá leis mar tá sí le 'fear dá mhalairt' anois.
(b) Deir sé nach bhfuil aon mhaitheas lena intinn nó lena thuairimí anois. Fuair siad bás leis. Níor fhág an fear marbh aon rud ina dhiaidh:

> *Tá a n-éifeacht caite,*
> *Gan baill, gan tuis,*
> *agus iad chomh sraite*
> *Le m'fhear ar lic!*

(c) Tá gráin nó fuath aige don duine marbh. Tugann sé 'rud' air.
(d) Níl meas aige ar na mairbh. Ní deir sé paidir ar son na marbh.

Ar fáil freisin

Achoimre ar an bPrós don Ardteistiméireacht
Donncha Ó Riain

Is é atá sa leabhar seo ná achoimre ar an dá ghiota déag den phrós dualgais do dhaltaí Ardteistiméireachta. Tá sé oiriúnach do dhaltaí Gnáthleibhéil. Tá sé leagtha amach mar seo:

Achoimre ar gach giota próis
Foclóir
Focail agus nathanna as an mBuntéacs
Ceisteanna (Gnáthleibhéal)

Clár:

An Cearrbhach Mac Cába
Conas Mar a Fuair Diarmaid an Bal Seirce
Scéal na Bhfathach
Na Quizmhaistrí
An Dúchasach Deireanach
Sionnach an Chlocháin
An Buille
Grásta Ó Dhia an Mhicí
'Béal Faoi' (Kilcullen)
A Thig Ná tit orm
'Siobhaisteal Chun an Chósta'
(Rotha Mor an tSaoil)
L'Attaque

Togha agus Rogha
Cnuasach Próis don Ardteistiméireacht
(Eagrán Oifigiúil)

Donncha Ó Riain

Is é atá chnuasach seo
ná dhá ghiota déag den
phrós dualgais do dhaltaí
Ardteistiméireachta
(Gnáthleibheal agus
Ardleibhéal).

Ta *Togha agus Rogha*
leagtha amach mar seo:
Réamhrá ag tabhairt foinse
    an ghiota agus eolais ar an údar
Téacs oifigiúil an ghiota
Foclóir lánchuimsitheach ar an téacs
Staidéar ar an ngiota (don dalta Ardleibhéil go háirithe)
Focail agus nathanna in usáid sa ghiota
Ceisteanna do dhaltaí Ardleibhéil agus Gnáthleibhéil